"十三五"普通高等教育金融系列规划教材

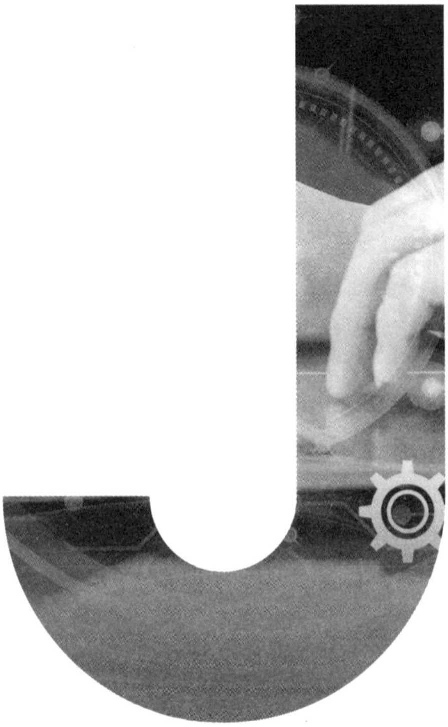

GONGYINGLIAN JINRONG SHIWU YU ANLI FENXI

供应链金融实务与案例分析

主　编　刘　蓉　徐　玫
副主编　杨佳妮　李　鑫

中国财经出版传媒集团
经济科学出版社
Economic Science Press

图书在版编目（CIP）数据

供应链金融实务与案例分析/刘蓉，徐玫主编．—北京：
经济科学出版社，2021.4（2025.1重印）
“十三五”普通高等教育金融系列规划教材
ISBN 978－7－5218－2456－8

Ⅰ．①供…　Ⅱ．①刘…②徐…　Ⅲ．①供应链管理－金融业务－高等学校－教材　Ⅳ．①F252.2

中国版本图书馆CIP数据核字（2021）第057154号

责任编辑：刘　丽
责任校对：王苗苗
责任印制：范　艳

供应链金融实务与案例分析
主　编　刘　蓉　徐　玫
副主编　杨佳妮　李　鑫
经济科学出版社出版、发行　新华书店经销
社址：北京市海淀区阜成路甲28号　邮编：100142
总编部电话：010－88191217　发行部电话：010－88191522
网址：www.esp.com.cn
电子邮箱：esp@esp.com.cn
天猫网店：经济科学出版社旗舰店
网址：http：//jjkxcbs.tmall.com
固安华明印业有限公司印装
787×1092　16开　11.75印张　230000字
2021年4月第1版　2025年1月第3次印刷
ISBN 978－7－5218－2456－8　定价：45.00元
（图书出现印装问题，本社负责调换。电话：010－88191510）

前言
PREFACE

近年来，在全球产业与金融深度融合的趋势下，供应链金融因兼具产业和金融的双重属性，能够为产业链上下游的企业提供基于业务的融资服务，因而实现了快速发展。供应链金融在中国走过了近二十个年头，如今，仍在向各行各业持续拓展，并且逐渐渗透到产业运营的全过程。未来，供应链金融将成为企业实现可持续发展的重要助推力。

目前，供应链金融行业内竞争包含了商业银行、核心企业、物流企业、电商平台等各个参与方，主要集中于计算机通信、电力设备、汽车、钢铁、化工、煤炭、医药、有色金属、农副产品等制造行业中。随着“互联网+”的发展，我国供应链金融市场规模逐年增长。根据中研普华产业研究院的预测，到2023年，我国供应链金融的市场规模可达17.23万亿元。

传统的供应链金融，即银行以核心企业的信用作为支撑，为上下游企业提供金融服务，主要以不动产抵押配合企业自身信用状况为基础，始终未脱离对抵押的依赖。这严重制约了末端的供应商和经销商，尤其是科技研发型小企业的发展，不利于实体经济建设。但伴随着金融科技的引入，为供应链金融的优化与重构注入了新动能。通过大数据、云计算、区块链、物联网等技术，有助于在整个产业链生态中摆脱核心企业的限制，打破传统金融机构对核心企业信用以及对抵押担保的依赖，将中小微企业真正纳入供应链金融的体系中。更为重要的是，能够不断提升供应链的综合管理水平。

供应链金融课程是根据我国互联网经济和金融创新的发展，为培养应用型人才，针对金融专业学生开设的课程，这是一门结合供应链管理、财务管理和金融学知识，并注重培养学生对专业知识应用的课程。本书介绍供应链金融的内涵、生态系统以及不同模式下的金融服务与产品，重点解读商业银行、核心企业、物流、电商等机构不同的供应链金融发展模式以及供应链金融的风险及管理，具有广博的视野并配备丰富的案例，能够为金融相关专业学生学习和拓展金融学理论基础、探索供应链金融再创新提供很好的启迪。本书主要对象为金融专业、管理学专业的大学本科生和研究生。

本书由重庆工商大学金融学院刘蓉和徐玫老师担任主编，杨佳妮和李鑫老师担任副主编，负责总体框架设计，编撰全书大纲、设计章节要点，并精选案例。各章节编写分工如下：第 1 章和第 2 章，刘蓉、罗欢；第 3 章，杨佳妮、唐德红；第 4 章，杨佳妮、裴欣；第 5 章，徐玫、裴欣；第 6 章，徐玫、刘怡鑫；第 7 章，徐玫、黄江游；第 8 章，李鑫、黄江游。

在编写过程中，我们参阅了大量的国内相关文献，收集了众多供应链金融案例。在此，我们对涉及的作者以及相关机构表示衷心感谢！

书中难免有不妥之处，敬请各位专家和读者提出宝贵意见。

编　者

2021 年 1 月

目录
CONTENTS

第 1 章　供应链金融概述

供应链金融的起源来自供应链管理。一直以来，供应链管理主要聚焦于物流和信息流，而忽略了资金流。随着经济全球化与网络化进程的加速，不同地区、国家、产业、公司之间的隔离逐步被打破，大企业与强国在供应链中占据主导优势地位，而落后地区的小企业则处于劣势地位，成为全球供应链中的短板，制约了全球供应链的发展。全球性外包活动导致的供应链整体融资成本问题，以及部分节点资金流瓶颈带来的“木桶效应”，实际上部分抵消了分工带来的效率优势和成本优势所带来的最终成本节约。为了增强供应链的稳定性和减少供应链整体的财务成本，新时代的供应链研究和探索开始强调提升资金流效率，重塑商业流程。在此背景下，供应链金融开始产生了，供应链核心企业开始了对财务供应链管理的价值发现过程，国际银行业也展开了相应的业务创新。在经历了多年的发展之后，供应链金融已经形成了相对成熟的理论框架和业务模式。

1.1　供应链金融的概念、特点和功能

1.1.1　供应链金融的概念

理解供应链金融的概念，必须建立在对供应链和供应链管理的界定与理解的基础之上，并理清供应链、供应链管理及供应链金融三者的关系。

1. 供应链

供应链最早来源于彼得·德鲁克提出的“经济链”，而后经迈克尔·波特发展成为“价值链”，最终演变为“供应链”。在供应链管理的发展过程中，针对供应链这一概

念，许多学者、机构从不同的角度给出了不同的阐释，可以说是不同发展阶段上的产物，反映了不同的时代背景。

早期的观点认为，供应链是制造企业中的一个内部过程，即从企业外部采购的原材料和零部件，通过市场转换和销售等活动，再传递到零售商和用户的一个过程。这类概念局限于企业的内部操作层面，注重企业自身的资源利用目标，忽略了与外部供应链成员企业之间的联系，往往造成企业间的目标冲突。后来供应链的概念开始关注企业的外部环境，即与其他企业的联系。

近期，随着信息技术和通信技术的发展，供应链与互联网、物联网的深度整合，以及大数据、云技术、物流网以及区块链等技术的引入，供应链的概念更加注重围绕核心企业的网链关系，如核心企业与供应商、供应商的供应商及一切前向的关系，核心企业与用户、用户的用户及一切后向的关系。此时对供应链的认识形成了一个网链的概念，强调供应链的战略伙伴关系问题。[①] 图 1－1 形象地表示了产品生产到消费的全过程网链结构。供应链的基本要素通常包括供应商、核心企业、批发商、零售商和最终用户等，一般包括物资流通（即物流）、商业流通（即商流，包括订货、合同等商业流程）、信息流通和资金流通四个流程。

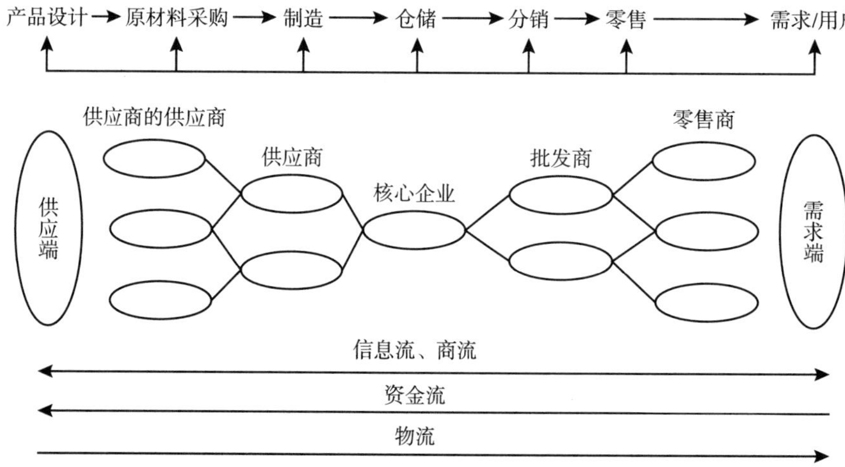

图 1－1　供应链结构模型

根据我国在 2017 年发布的《关于积极推进供应链创新与应用的指导意见》（以下简称《指导意见》）中针对供应链的界定“供应链是以客户需求为导向，以提高质量和

① 马士华，林勇．供应链管理［M］.5 版．北京：机械工业出版社，2017.

效率为目标，以整合资源为手段，实现产品设计、采购、生产、销售、服务等全过程高效协同的组织形态”可以看出，供应链是从产品设计开始，经过采购、生产、销售环节，到客户服务结束的一系列活动，即产品的全生命周期管理。同时，《指导意见》指出，“随着信息技术的发展，供应链已发展到与互联网、物联网深度融合的智慧供应链新阶段”。正是依托互联网、物联网、大数据、人工智能等技术的跨界融合，物流行业发展呈现智慧化、网络化、国际化、链条式等新趋势新特征，共享制造、供应链管理外包服务企业、线上线下融合等新业态、新模式不断涌现，供应链扁平化、平台化趋势明显。

2. 供应链管理

供应链的概念跨越了企业边界，将企业的生产活动进行了前伸和后延，通过计划、获得、存储、分销、服务等活动将最终用户与供应商连接起来。通过集成和整合供应链的各个环节，从全局和整体的角度考虑产品经营的竞争力，就形成了供应链管理。按照美国供应链管理专业协会（Council of Supply Chain Management Professionals，CSCMP）的定义：“供应链管理包括规划和管理供应、采购、转换（即加工生产）和所有物流活动，尤其是渠道成员的协调和合作，这些成员包括供应商、中间商、第三方提供商、客户。从本质上讲，供应链管理是对企业内外供应和需求的全面整合。”

其内容包括所有的物流活动、生产运营，以及营销、销售、产品设计、金融、信息技术之间的协调。可以看出，供应链管理是指对整个供应链系统进行计划、协调、操作、控制与优化的各种活动和过程，该过程包含了对其中涉及的金融活动的协调与整合，即供应链金融。

3. 供应链金融

在供应链的四个流程中，物流与资金流形成完整闭环，即运用资金采购原材料，原材料转化为产成品，产成品转化为资金，用转化资金的一部分再去采购原材料，开启新的循环。从资金到实物、再从实物到资金的周而复始的循环是非常理想的状态。当企业运营不善导致资金短缺或者企业需要扩大经营时，需要引入外部资金，这种引入外部资金的活动就叫供应链金融。

供应链金融是供应链管理的一个分支。它在基于供应链的基础上，依托其中的一个或数个核心企业，在确保贸易真实的前提下，运用自偿性贸易融资的方式，通过应收账款、存货质押等手段封闭资金流或控制物权，以较低风险向供应链上的主体提供金融服务的一种模式。

由此可以看出，供应链金融模式以产业链为依托，以交易环节为重点，通过实现物流、商流、资金流和信息流的“四流合一”，把供应链上的核心企业及其相关的上下游配套企业作为一个整体，为其提供融资和金融解决方案，从而将单个企业不可控的违约风险转化为供应链整体可控的风险。其本质是基于对供应链结构特点、交易细节的把握，借助核心企业的信用实力或贸易的自偿程度与货物流通价值，对供应链单个企业或上下游多个企业提供全面的金融服务。

供应链金融服务框架如图 1－2 所示。

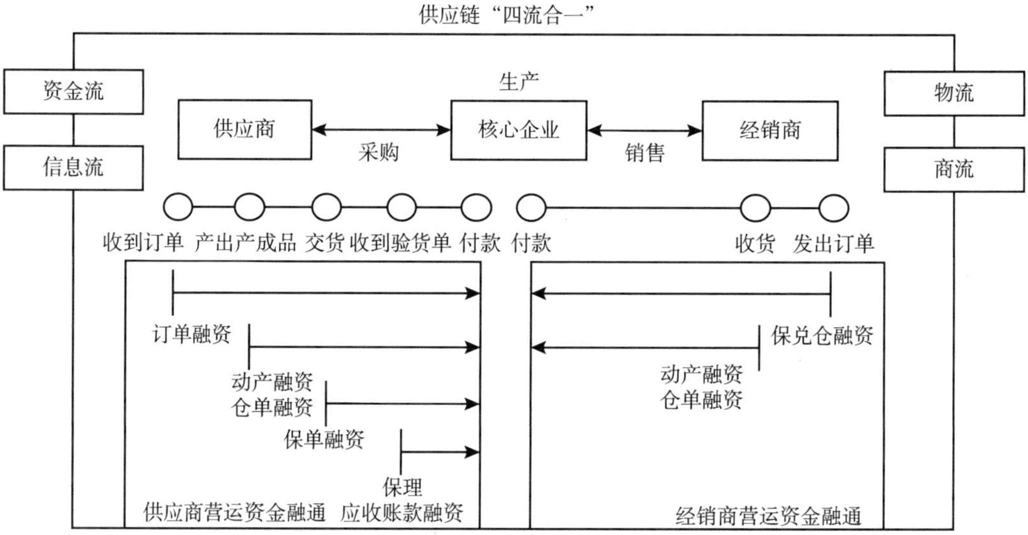

图 1－2　供应链金融服务框架

4. 三者的关系

从总体上看，供应链是供应链管理、供应链金融的作用对象，供应链的运营过程中包含了商流、信息流、物流和资金流这四流的流动。

从定义范畴来看，供应链管理包含供应链金融，供应链金融诞生于供应链管理中各环节的资金错配需求，是供应链管理的一个有机组成部分。

从发展路径来看，供应链金融是传统供应链管理的延伸，相对于传统供应链管理供应链金融要求更高程度的四流合一的信息整合和跨节点协同。

从最终效果来看，成熟的供应链管理有利于供应链金融的顺利开展，高效的供应链金融有助于增强整个供应链的竞争力，提升供应链管理的整体效果。

供应链、供应链管理与供应链金融的关系如图 1－3 所示。

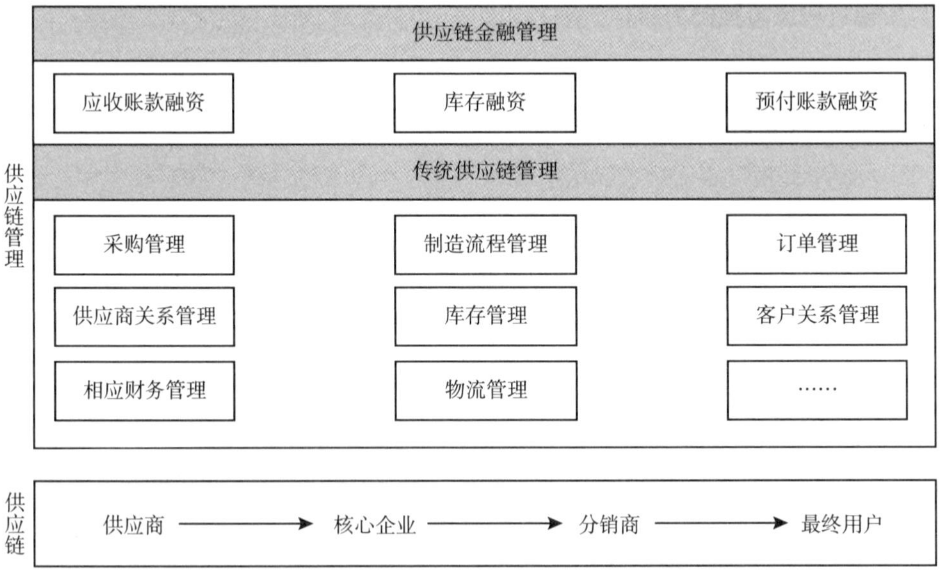

图 1－3　供应链、供应链管理与供应链金融的关系

1.1.2　供应链金融的特点

概括起来，供应链金融主要具有以下几个特点。

1. 服务主体多元化

在服务主体方面，银行不再是供应链金融产品与服务提供的绝对主体。在“互联网＋”浪潮的冲击下，更多的企业，比如核心企业、物流企业、电商平台、科技公司等，利用自身的信息优势、交易资源优势以及客户资源优势，纷纷转型成为供应链金融产品与服务提供主体。

2. 收入自偿性

企业的融资款项仅能用于实现指定的贸易。自偿性，就是指企业最终以贸易收益偿还融资款项，通过操作模式的设计，还款企业的销售收入会自动导入银行的特定账户。

3. 交易封闭性

封闭性指银行等金融机构通过设置封闭性贷款操作流程来保证款项专用，借款人不能用于其他用途。通过对资金流、商流和物流的有效控制，确保融资企业贷款资金的运用在可控范围之内，且根据具体业务进行逐项审查贷款并及时回收与监管未来的现金流，以实现过程风险控制的目标。

1.1.3 供应链金融的功能

1. 实现供应链资金流的动态追踪

资金流是交易过程中很重要的环节，是供应链得以运转的“血液”。能够有效追踪资金流动情况，是资源重新有效分配的一个重要前提。供应链金融出现的一个重要原因就是传统的供应链管理无法对链上的资金流进行有效管理。要识别、测量和交流真实的现金流数字，就必须追溯到支付的源头。而静态的资产负债表和收入表不能反映资金来源、使用和发生的时间，也不能揭示交易的原因，因此无法综合反映某一段时间内的现金流情况。供应链金融的核心可以说是对不同供应链成员之间金融资源流动的管控。

2. 促进金融资源的合理配置

在供应链金融体系下，所有的物流职能都有可能产生协作投资，比如订单处理、库存、包装和运输等。当进行投资决策时，供应链各成员需要同时考虑费用和投资收益。供应链金融的出现使得链条上的企业关系更多的是协作关系而不是竞争关系，金融资源的使用考虑的不仅仅是一家企业的收益，而是整个供应链上所有企业的利益最大化。此外，通过立体获取各类信息，将风险控制在最低，从而提高链条上的企业在金融市场融得资金的可能性，进而促进链条上企业之间的高效运转，实现金融资源的有效配置。

3. 拓宽企业融资新渠道

在供应链金融这种服务及风险考量模式下，由于银行更关注整个供应链的贸易风险，对整体贸易往来的评估会将更多中小企业纳入银行的服务范围。即便单个企业达不到银行的某些风险控制标准，但只要这个企业与核心企业之间的业务往来稳定，银行就可以不只针对该企业的财务状况进行独立风险评估，而是对这笔业务进行授信，并促成整个交易的实现。由此，供应链金融为中小企业融资的瓶颈提供了解决方案，提高了供应链上下游企业在金融市场上融资的可能性，极大降低了这些企业获取金融服务的成本，全面提升了金融服务的效率和能力。

1.2　供应链金融的生态系统[①]

现代经济社会的持续发展需要金融支持，而金融的良好运行必须具备一个良好的金融生态环境。正如自然界中任何生物的生存和发展都由其自身条件和其所处的外部环境二者共同决定的一样，金融机构作为社会经济体系中的一员，其生存和可持续发展的实现，一方面要以自身制度建设和经营水平的提升为基础；另一方面也离不开其所处的外部环境，其中既包括宏观的经济大环境，也包括微观层面的金融环境。可以说，供应链金融各参与主体的角色和结构关系，以及它们与外部环境的关系构成了供应链金融生态系统。

1.2.1　供应链金融的参与主体[②]

供应链金融的参与主体可以分成四类，即供应链交易方、交易平台提供方、风险管理方和流动性提供方。

1. 供应链交易方

在供应链上下游企业的交易过程中，议价能力强势的一方（通常是核心企业）为保持自身充足的现金流，往往导致议价能力弱的中小企业资金被占用。这是供应链金融存在需求的主要原因。

核心企业依据自身在行业内的规模优势、经济效益优势、带动和辐射优势、竞争优势等，整合供应链上游和下游的中小微企业，链接融资服务提供方，为行业内的中小微企业提供融资解决方案。

作为供应链金融的主要受益主体，依附于供应链上核心企业的上下游中小企业，通过融入供应链的产、供、销各个环节，借助核心企业信用，拓展融资渠道，缓解融资难、融资贵等问题。

---

① 改编自：万联供应链金融研究院．中国供应链金融调研报告［R］．2017.

② 本节主要参考：张钟允．读懂供应链金融［M］．北京：中国人民大学出版社，2019.

2. 交易平台提供方

交易平台提供方主要是为参与供应链金融的各方提供一个互动的场所，具有平台或中介的功能。通过该交易平台，开票、匹配、整合、支付处理、融资、信用证处理、文件管理等操作流程得以线上化，有助于交易各方的采购订单、票据，以及应收应付账款等文件信息的传递和整合，参与各方能够及时地了解供应链交易的过程与信用，从而为供应链金融的融资服务提供方的产品设计和信用风险管理提供支持。

3. 风险管理方

较为完善的供应链体系整合度较高，资金流在供应链业务中形成闭环，可通过对各环节的跟踪管理来控制供应链金融风险。一旦供应链企业关联度低，融资环节出现缺口就会造成风险不可控。风险管理方的主要职能是将供应链上下游企业之间的交易、物流等与融资活动相关的数据收集整合起来，通过甄别这些数据的完整性和可靠性，并运用大数据技术，对数据进行综合性的统计分析，以此把握交易的特征以及各参与主体的行为状态，从而全面了解供应链的运行状况、控制融资风险。在这个过程中，它还要监控真实交易的过程、产品的物流状况等，以尽量控制融资过程中可能发生的风险。

这里需要分辨风险管理方和平台提供方的区别。平台提供方负责收集、提供交易数据，而风险管理方负责分析数据以及监控交易、物流。有时同一个主体同时充当平台提供方和风险管理方，比如阿里、京东、苏宁易购等，一方面负责收集和提供交易数据，另一方面还分析这些数据，根据这些数据对买家或者卖家进行信用评级，并监控商品的物流状况。这种情况在电商零售领域比较常见。但在产业供应链中，上下游企业之间的交易流程和物流信息更加复杂，很多时候分别由不同的主体来充当平台提供方和风险管理方。这些主体既可能是专门的服务机构，如物流公司、商贸公司等，也可能是供应链中的核心企业，如成品生产企业、大型零售商等。

4. 流动性提供方

流动性提供方的主要职责是直接提供贷款融资，或者为贷款融资做担保。由于融资服务提供方要承担风险，因此也称为风险承担方。

融资服务提供方主要包括银行、保理、基金、担保、小贷、信托等持牌经营的金融机构。由于金融机构大部分情况下并不直接参与供应链运营，难以有效掌控上下游企业之间的真实交易，如果要开展供应链金融业务，需要深入产业供应链的协作体系中，了解供应链的交易特征，从而为金融决策提供支持。当前很多金融机构都在构建自己的管理平台，既是融资服务提供方，又承担平台提供方或者风险管理方的角色。

此外，一些嵌入供应链网络内的、具有强大资金实力的企业，原本是扮演交易方、平台提供方或风险管理方的角色，也开始利用自身现金流承担起了融资服务提供方的角色。比如阿里、京东等电商平台，以及一些大型生产企业，在很多时候都会利用自有资金，为其上下游的中小企业开展融资业务。

1.2.2　供应链金融的外部环境

外部环境主要体现在制度和技术层面。

1. 制度环境

制度环境对组织的影响主要分为管制、规范和认知三方面。管制体现在法律法规上，规范体现在行业监管上，认知体现在行业认同上。

首先，因为供应链金融业务涉及很多动产质押、应收账款等方面的活动，供应链金融生态系统中最重要的制度环境是法律环境，其核心功能在于保护信贷人的权利。从法律的角度来看，供应链金融涉及动产质押以及应收账款担保等活动，与之相关的法律法规主要有《中华人民共和国民法典》《动产抵押登记办法》和《应收账款质押登记办法》等。其次，相关部门的行业监管、行业内诚信体系的建立，以及电子检查监视系统的建设，会对开展供应链金融业务的行为产生规范作用。最后，因为供应链网络是一个长期协作交易的体系，上下游企业对相互关系以及网络整体的认同，也会对其行为形成约束，这种认同是基于一种长期形成的文化惯例。这些法律法规、行业监管、诚信体系等构成或影响了供应链金融的制度环境。

2. 技术环境

技术环境包括供应链金融技术与电子信息技术。供应链金融的发展需要以完善的信息技术为基础，因为信息技术可以帮助供应链金融的各方参与者及时掌握供应链运行状况、资金运用效率以及不同阶段的风险及其程度。电子信息技术的发展为开展供应链金融业务提供了必要的技术手段。很多时候，信息化手段本身就是供应链金融的要素内容，如电子化票据、库存检测等。

随着电子信息技术的发展，物联网、大数据、云计算、区块链，以及移动终端等信息技术的发展，将使线上线下业务进一步融合，不仅加快了信息流通，而且还会促进物流、资金的流动，从而推动供应链金融的发展。这些社会主体在开发与应用新技术的同时，也充当了供应链金融的技术环境影响者，如科研机构、服务提供商和行业竞争者等。

1.3 我国供应链金融的发展历程

我国供应链金融的发展历程大致分为四个阶段，即供应链金融 1.0 阶段——中心化、供应链金融 2.0 阶段——线上化、供应链金融 3.0 阶段——平台化和供应链金融 4.0 阶段——智慧化，如图 1－4 所示。

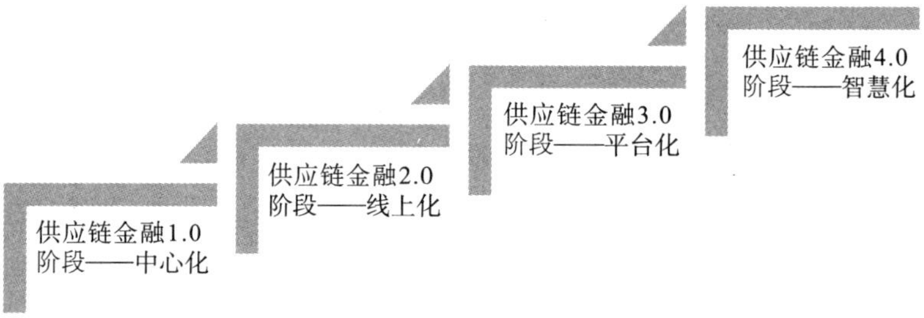

图 1－4 我国供应链金融的发展历程

1.3.1 供应链金融 1.0 阶段

1999 年深圳发展银行推出的动产和存货融资业务，可以说是我国供应链金融业务的雏形。随后其他银行也纷纷介入推出了供应链金融产品和服务。这是供应链金融的 1.0 阶段，也被称为“1＋*N*”模式，如图 1－5 所示，围绕“1”即核心企业为中心，连接供应商、制造商、分销商、零售商和消费者，为供应链上的“*N*”个企业提供融资服务，从而提高整个供应链的价值。

该阶段的供应链金融是传统的中心化模式，银行以核心企业的信用作为支持，为核心企业的上下游企业提供融资服务，在技术层面以不动产抵押、信用评级为基础。与传统借贷相比，供应链金融的结构方式发生了改变。传统借贷是点对点的关系（银行与借款人之间的关系），而供应链金融 1.0 则是点对线的关系（银行与供应链参与各方之间的关系）。银行作为该阶段供应链金融服务的主体，有着资金成本低、获客容易、管控资金等天然优势，但由于没有真正参与供应链运营的全过程，资金流的管理难以渗透到业务运行的过程中，只能依托供应链中的某个主体信用，延伸金融服务。

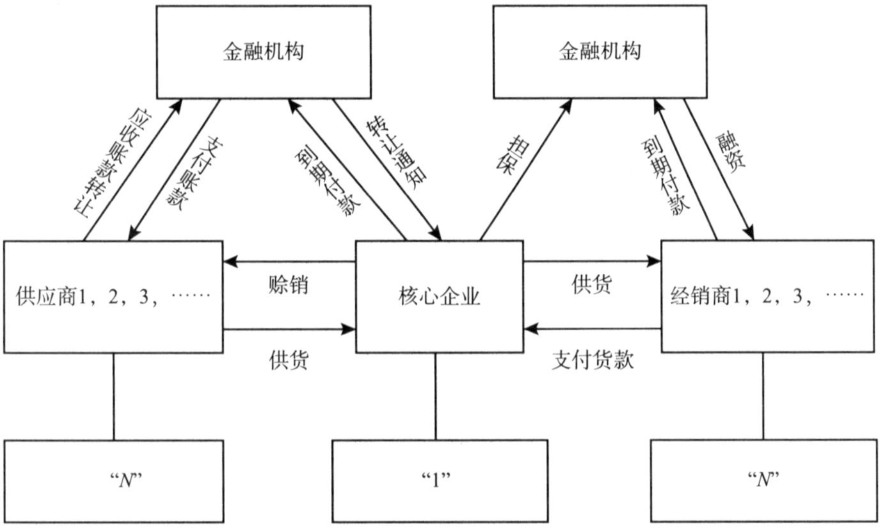

图 1-5　供应链金融“1+N”模式

1.3.2　供应链金融 2.0 阶段

随着互联网技术的渗透，供应链金融实现了从线下向线上的发展，即供应链金融 2.0 阶段。金融服务的主体及其在供应链中的位置发生了变化，供应链金融服务的提供者逐渐从单一的商业银行转向供应链中的各个参与者。因此，出现了供应链金融各参与主体的分工，即供应链直接参与方成为供应链金融交易服务提供商（供应链运营信息的聚合方）和综合风险管理者（供应链金融业务的设计和提供方），而传统的商业银行逐渐从融资服务的主体转向流动性提供者（资金提供方）。

除了参与主体的多元化，在传统银行等金融机构中，应收账款融资产品也发生了转变，成为“池融资”，即将供应链上各企业的应收账款信息聚合在一起，从而得出授信额度。由于供应链的周期很长，难以控制风险，因此，有的企业尝试将供应链分割成多个节点，针对每个节点提出风险控制措施。当某个节点上的企业需要融资时，不只有应收账款融资，还有其他各类融资，将其都纳入统一的池子里管理，以便于快速判断融资金融和风险。

供应链金融2.0阶段如图1－6所示。

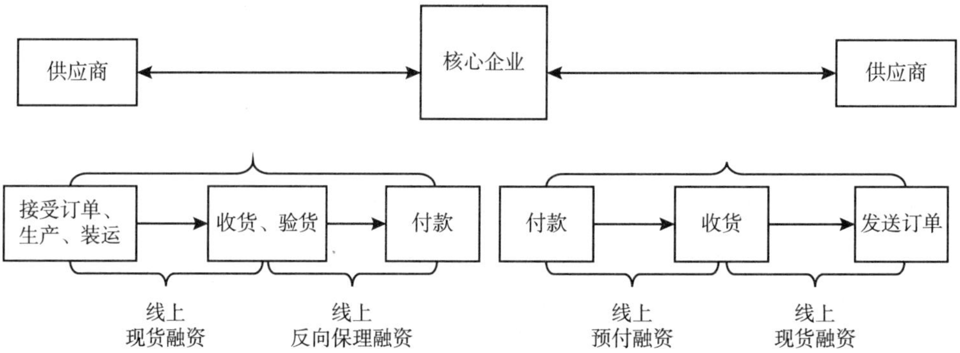

图1－6　供应链金融2.0阶段

由图1－6可以看出，供应链金融2.0阶段不再局限于一根链条上的融资，而是将整个供应链连成一张网，产生多个节点，使更多节点上的企业获得融资，使金融服务更加多元化。由于业务流程线上化，金融机构获取信息的效率得到提升，审核放贷速度加快，操作得到简化，也可以更快地根据实时信息作出反应，建立实时预警体系，提高风险管理能力。然而，该阶段的供应链金融仍然存在缺陷。由于信息归集和整合仍处于初步阶段，链上的核心企业掌握着关键数据，这些重要的数据难以统一，导致无法准确评估融资需求和信用风险，特别是中小企业的信用风险。

1.3.3　供应链金融3.0阶段

供应链金融3.0阶段的主要特征是平台化。该阶段形成了跨企业、跨行业、跨区域，并链接政府、企业、行业协会等的金融生态平台。此时，金融服务主体企业的功能和角色也有了极大拓展，不仅是供应链运营的组织者，更成为供应链平台的构建者。网络中的参与主体范围极大扩展，不但供应链各环节都形成了复杂的群落（如不再是单一的上游或下游，而是上游或下游本身就形成相互作用、相互影响的网络），而且供应链的参与方从直接利益相关方延伸到了各种间接利益相关方，如一些政府管理部门、行业协会等。通过连接多边群体，整合价值链，形成多方共赢的商业生态系统。信息化管理厂商、电商平台、核心企业、供应链服务企业、物流企业、商贸园区、第三方支付公司和商业银行等，都会在构建供应链金融生态的过程中发挥主导作用。

供应链金融 3.0 阶段如图 1 -7 所示。

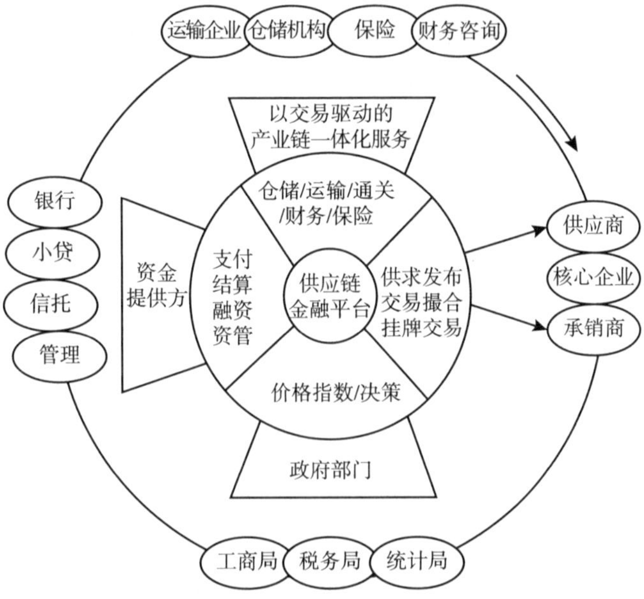

图 1 -7　供应链金融 3.0 阶段

该阶段的供应链金融结构也发生了变化，出现去核心企业中心化的质变，“1 + N”模式转变成为“N + 1 + N”模式。此时的“1”不再是核心企业，而是供应链服务平台。通过网状平台，实行批量授信和流程化服务，对小企业贷款的设计、申报、审批、发放、贷后管理等业务批量操作，从而使每个环节的操作实现标准化、专业化、流程化。这样就简化了审批、放款流程，满足中小企业对资金“短、频、快”的需求。在该阶段，业务流程的专业分工也更精细、更复杂。

可见，供应链金融 3.0 阶段在更大程度上体现出一种产业与金融融合的生态，它不仅为产业提供一种新型的金融服务，更是对产业链条的整合与重塑，也是一个构建新型金融生态圈的过程。它集成生产、运营、管理、融资功能，整合供应链运营平台上的各个环节，包括海关、税务、商检、物流、仓储、采购、生产、分销、保税仓储等环节，形成以供应链金融为核心的集成解决方案；同时依托供应链金融平台建立信用体系及支付体系，提供供应链融资及各种金融衍生服务。

1.3.4　供应链金融 4.0 阶段

随着前沿科技的逐渐渗透，供应链金融的商业模式也随之升级转化。由以核心企业为信用支撑的传统供应链金融线下模式转变为线上化供应链金融，再到综合平台化供应链金融，发展到如今基于产业层面、去“中心化”的数字化供应链金融。

金融科技（Fintech）的发展使得产业互联网和供应链金融的融合出现了更好的方式。它一方面发挥了新兴技术的“驱动力”，实现产业互联网和供应链金融的充分融合；另一方面产生了商业模式的“颠覆力”，在支付清算、融资、投资管理等领域的创新，让供应链金融更加具有服务效率、成本优势和服务黏性。

未来，供应链金融将以产业互联网为基础，充分结合云计算、物联网、大数据、人工智能、区块链等技术渗透整个供应链管理与运营，实现全供应链的信息化、数字化、集成化和自动化，从而完成向智慧化供应链金融的转变与升级。

精选案例

案例 1－1　平安银行供应链金融业务的进化史

平安银行作为国内业内最早提出并践行供应链金融的银行，在供应链金融领域进行了一些有益的探索。在这一探索的过程中，其角色和地位逐步从原来传统的银行借贷，通过平台和生态的打造，向供应链金融演化。从其供应链金融的实践历程看，平安银行经历了几次业务上的转型与变革，可以分为以下三个阶段。

（1）2000—2008 年。当时的深圳发展银行，开始了“$N+1+N$”的金融活动，通过抓住“1”个核心企业，批量开发经营核心企业供应链上下游的“N”，为核心企业及其供应链上下游提供融资、支付结算、财富管理等金融服务。该阶段是深圳发展银行供应链金融的尝试，但这种模式是一种不稳定的供应链金融形态，这是因为深圳发展银行并没有真正把握产业企业的具体运营管理，本身既没有打造产业生态，甚至也没有真正进入产业生态链中。

（2）2009—2012 年。该阶段深圳发展银行将原来线下的供应链金融业务搬到线上，试图利用互联网和 IT 技术构建平台，链接供应链的上下游及各参与方，实现资金流、信息流的归集与整合，提供适应供应链全链条的在线融资、结算、投资理财等综合金融与增值服务。这段时期该银行试图从原来单一的流动性提供者逐步向风险管理者转变，通过互联网技术减少人工操作的成本和隐含的风险。可是，尽管这段时期该银行开始发生了实质性的转型，但是从严格意义上讲，该模式仍然不是供应链金融的稳定状态，这是因为在这段时期银行并没有真正把握商流、物流的信息以及供应链全流程管理。因此，很难作为平台提供者而出现，同时风险管理也会变得非常艰巨。

(3) 2013年至今。2012年1月，深圳发展银行和原平安银行通过议案，同意深圳发展银行吸收合并原平安银行，公司名称变更为平安银行股份有限公司。2013年，平安银行提出了其称之为“3.0”的平台和供应链金融模式，即在组织架构上单独设立公司网络金融事业部——全行唯一的平台事业部，专职于供应链金融产品的创新与推广，在平台建设上搭建了跨条线、跨部门的银行公共平台——橙e平台，与政府、企业、行业协会等广结联盟，通过综合平台的建设，突破传统金融的边界。2014年7月正式推出“橙e网”，国内银行业首个电子商务云服务平台诞生了。橙e网整合了平安集团最全面的金融资源，实现了“互联网金融+供应链金融”的完美结合，通过整合供应链上下游各经营方的商流、物流、资金流、信息流，致力于为供应链全链条提供在线融资、支付结算、供应链协同、投资理财等综合金融与增值服务。

目前，我国正处于经济结构调整及产业转型升级阶段，传统的大宗商品交易正向以互联网为依托的电子商务方向发展，平安银行橙e网的“生意管家”“橙e付”“橙e融资”等产品，就是支持供应链企业低成本的快速实现向电子商务转型升级的特色产品。橙e网并不仅仅是一个平台，它还与政府、企业、行业协会等广结联盟，广泛汇聚企业的价值信息数据，并探索基于大数据挖掘创新网络融资服务。

平安银行通过创新“供应链金融+产业基金”的业务运作模式，满足产业链龙头企业/产业生态主要参与者联合开展供应链金融服务、提升链条把控力的需求，借此开拓优质产业链市场。

资料来源：宋华．互联网供应链金融［M］．北京：中国人民大学出版社，2017.

思考题

1. 平安银行供应链金融的发展经历了哪些阶段？每个阶段有什么不同之处？
2. 从平安银行供应链金融的发展可以看出我国供应链金融发展的方向呈现哪些特征？

案例1-2 青岛地铁产业链金融平台

2012年年底，为了更好地进行地铁建设管理，青岛市政府审批成立了青岛地铁集团有限公司。2017年9月，青岛地铁集团通过与齐鲁银行和青岛闪收付信息技术有限公司合作，打造了一个地铁产业供应链金融线上管理平台。

作为一个跨行业、跨区域和跨部门的金融平台，青岛地铁集团产业供应链金融平台可以在线上整合整条产业链上的贸易交易、金融产品和物流服务，通过与各方紧密联结，形成了一个共同发展的和谐生态圈。

青岛地铁产业链金融平台的主要运行流程可以分为以下几个步骤，如图1-8所示。

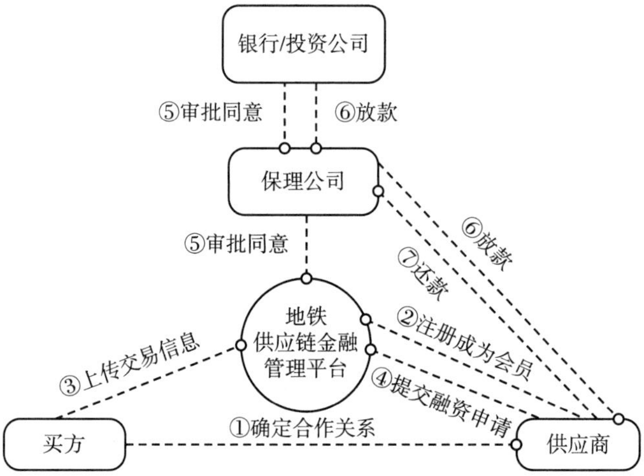

图1-8 青岛地铁产业链金融平台运行流程

（1）由青岛地铁集团确定不同环节的供应商，双方在达成一致意见后签订交易合同。地铁产业链就像是一棵大树的根须，盘根错节，涉及方方面面的内容。从大方面来讲，主要有研发建设、维护运营、投资融资、资源开发和文化传媒等。在每一个大方面之下，所涉及的各个细小环节中，会出现各类供应商。由此，青岛地铁集团必须先根据自身的需求，通过招标或其他方式来确定各个环节的具体供应商，在达成协议后再与各供应商签订相关交易合同。

（2）供应商入驻线上平台。当青岛地铁集团与各供应商签订具体合同后，其会根据实际情况在产业供应链管理平台上录入供应商名单。同时，平台会通过微信、短信等方式邀请供应商加入平台。接到邀请的供应商如果同意入驻平台，便可以申请注册。

（3）青岛地铁集团将相关交易信息上传到平台上。主要根据青岛地铁集团所签订的采购合同为依据，相关交易信息主要包括交易时间、供应商名称、具体项目和实付金额等内容。

（4）供应商根据自身需求和情况，在平台上提交融资申请。由于应收账款问题的存在，许多中小供应商存在较大的资金需求，但由于自身信用等级较低，很难从银行等金融机构获得融资。这时平台上的供应商就可以通过平台进行融资申请，由核心企业用自身授信来为其担保。

（5）在收到融资请求后，银行进行审批，并最终确认是否融资。借助于线上平台，青岛地铁集团、线上线下供应商、信息技术公司和物流公司可以实现互联互通，通过大数据分析和云计算技术，银行便可以在线上快速核实线下的真实贸易，并对其融资请求进行评估。当核实通过后，银行会在平台上发布审批结果，供应商可在平台上查看。

（6）银行向供应商发放贷款。由于产业供应链金融平台的存在，供应商可以借助于核心企业的信用，并以较低利率获得相对较多的贷款。由于核心企业的授信支持，银行会立足于真实贸易，从整个产业链角度进行风险评估。评估结果越好，供应商在融资时享受到的优惠也就越多。

（7）青岛地铁集团支付剩余款项，供应商收款后偿还银行贷款。在合同约定期限到期后，青岛地铁集团需要通过平台将应付账款转入供应商银行账户之中。收到货款后，供应商则需要根据贷款利率及贷款金额向银行支付相应的本金和利息。

以上便是一个完整的产业供应链金融平台的运作过程。通过该金融平台，供应商可以有效利用青岛地铁集团的信用，高效获得低成本融资。而青岛地铁集团作为产业链中的核心企业，在主导整个流程的同时，也降低了自身的财务费用，提高了地铁建设的效率。齐鲁银行则在有效控制风险的情况下，提升了自身金融业务的综合竞争力。

可以看出，这是一种多赢的金融合作模式，正是产业供应链金融中各个核心要素的完美结合，才形成了这一结果。

资料来源：郑殿峰，齐宏．产业供应链金融：供应链金融的最终解决方案［M］．北京：中国商业出版社，2020.

思考题

1. 青岛地铁产业链金融的生态圈由哪些参与主体构成？
2. 简要阐述主要运作流程，并说明为什么这是一种多赢的金融合作模式？

案例1-3 国美金融：深化“场景+金融+科技”的供应链金融模式

1. 概况

国美控股集团成立于1987年，经过30多年的发展，已成为一家运营稳健、资本雄厚、整合能力强、多元化发展的大型现代化集团型企业。2015年，国美控股集团围绕“打造全零售生态圈”战略目标，构建了线下零售、互联网、智能家居制造、智能手机制造、金融投资和地产六大业务板块。

其中，打造金融业务板块的国美金控投资有限公司依托产业优势，采取灵活快速的战略，紧绕核心零售生态圈，构建包括支付金融、数据云、资产交易、创新金融和创投金融的五大平台，打造消费金融、供应链金融、理财、保险、基金和跨界创新六大产品体系，面向互联网金融与普惠金融，锐意创新，构建有重要影响力的综合性金融控股集团。截至2016年年底，国美金融已经取得商业保理、互联网小贷、基金销售、保险经纪、融资租赁等牌照。

国美金融为国美控股集团旗下从事金融发展投资业务的战略管控平台，依托现有零售场景及产业链资源优势，采取灵活快速的战略，紧绕国美“家·生活”核心战略，构建包括消费金融、财富管理、企业融资、支付业务四大产品品牌体系，致力于推动普惠金融的发展，其通过融合线上线下资源优势，深化“场景+金融+科技”发展模式，以创新科技手段带动普惠金融的场景延展，为客户提供全渠道、一体化的产品和服务。截至目前，国美金融已完成全国34个省级区域600多个地县级城市1 600家线下门店的业务布局，累计为1 000余万用户提供全方位的金融服务。

2. 深化场景+金融+科技发展模式

（1）以强大生态圈为依托。依托于客户资源与金融需求，国美金融业务的发展是采取多条腿走路，2015年8月国美金融供应链金融产品“美易融”正式上线，它以风控为核心，依托国美强大的零售生态圈，内部外部同时发力，为广大企业提供商业保理、融资租赁、订单融资、预付款融资、信用贷款、票据贴现、仓单融资等不同类型的融资服务，解决企业在发展过程中的资金需求，力图降低企业的融资成本。

（2）评估供应链整体，推出“$N+1+N$”模式。在核心企业整条供应链运作的基础上，国美金融通过对供应链整体的评估，尤其是对核心企业支付能力和信用等方面的评估，为核心企业的上下游中小企业提供融资服务，推动物流、信息流和资金流的高度整合，实现供应链核心企业与其上下游中小型企业“供—产—销”的顺利进行，最终提升整个供应链核心竞争力，使三方达到共赢的局面。

在推进“$1+N$”模式的基础上，探索与B2B平台深入合作，为其平台上的上、下游小微企业提供融资服务，打造“$N+1+N$”的供应链金融新模式。截至2018年6月，国美金融供应链金融共实现放款金额近百亿元，为近5 000个中小微企业提供了企业融资服务，业务客户覆盖汽车、电器、化工、农业、精工制造、贵金属等多个领域。

（3）内部资源优势驱动。供应链金融的兴起源自解决中小企业融资难问题。供应链金融能有效实现商流、物流、资金流、信息流的四流合一，将对单个中小企业的信用风险评估转移到对信用资质高的核心企业上。

依托国美控股集团强大背景资源，国美金融先后与国美电器、安迅物流、国美海外购等公司建立战略合作关系。国美通过与供应商的合作，积累了海量的供应商订单数据。同时作为终端零售商，国美掌握着年销售金额超过500亿元的销售数据。在国美的供应商中，大部分的企业为中小微企业，这些企业资金链紧张、资产有限，缺少抵押和担保。这些原因导致商业银行对中小企业贷款采取“从紧”“惜贷”的策略，进而导致中小企业难以从银行融资。2015年国美结合自身优势，上线供应链金融业务，并推出商业保理产品——账云贷，供应商将对国美的应收账款转让给国美金融，并从国美金融旗下商业保理公司进行融资。

与银行相比，商业保理公司的主要优势在于市场细分、数据处理和客户服务，以此为基础，在目标客户选择方面更具有针对性，且授信方式相对灵活。

3. 差异化产品服务

国美根据自身优势，在内部供应链金融产品开发上贴合上下游企业的需要，共开发出账云贷、信云贷、货云贷、票云贷四款产品，如图1－9所示。

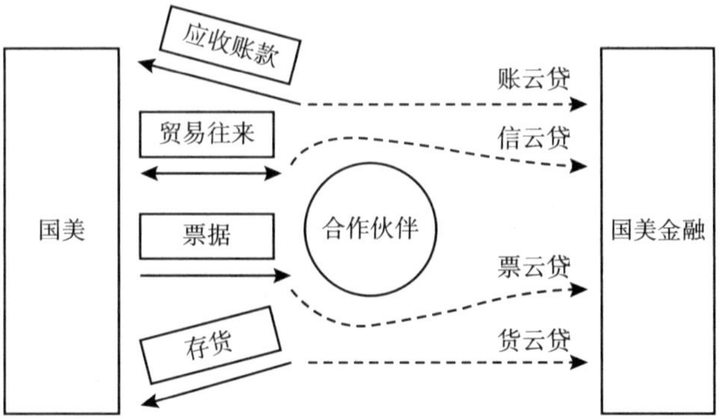

图1－9　国美金融主要产品

（1）账云贷——商业保理。国美金融账云贷以国美上游供应商应收账款为依托，采取3个月内随借随还的模式，按账期由国美付款给保理公司进行还款，剩余差额尾款由国美信达商业保理公司支付给供应商，其具体流程如图1－10所示。该产品通过应收账款转让融资让未来的现金流提前变现，加速流动资金周转，改善经营状况，缓解客户由于应收账款积压而造成的流动资金不足的状况。

（2）货云贷——存货质押。货云贷产品是国美供应链金融上线以来推出的第二个产品。供应商以存货作为质押，向国美金融申请贷款。该产品能够有效盘活企业库存，将存货转化为现金流。

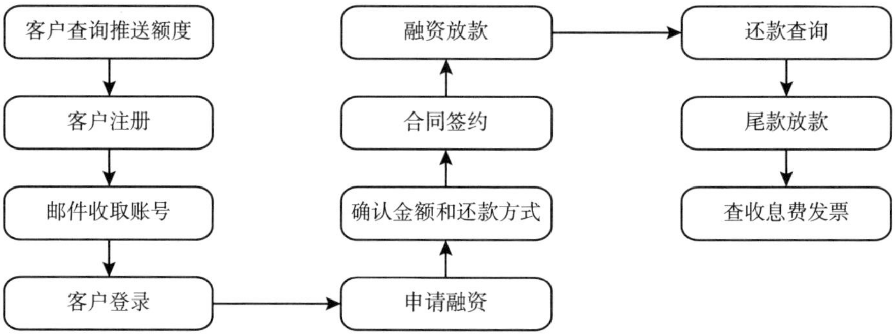

图 1－10 账云贷流程

（3）信云贷——企业信用贷款。信云贷是国美供应链金融于 2016 年 3 月 1 日推出的面向电器供应商的全线上信用类贷款产品。产品研发过程遵循精益产品研发 MVP（Model-View-Presenter）理念，1 周确定产品方案，2 周上线全新业务门户和产品核心功能，最短时间发布金融产品。在风控方面，信云贷与电器系统对接，评级模型、授信模型全部数据化，4 000 多个供应商预授信额度超 30 亿元，产品上线首月放款即突破 1 亿元，具体流程如图 1－11 所示。

图 1－11 信云贷流程

（4）票云贷——电子票据质押业务。国美的票据质押业务是以电子汇票业务为依托，利用客户持有的承兑汇票做质押开展信贷业务，全流程互联网化操作，更为快捷、透明和安全，重新定义了票据融资新模式。

国美金融通过平台链接商业生态、基于云计算和大数据创建智慧金融生态系统，使得金融能真正服务于整个供应链的各类主体并推动商业生态的发展。国美金融供应链金融给予了中小企业全新的融资工具，同时，又满足了核心企业产业转型升级的诉求，通过金融服务，变现其产业链生态系统的价值，最终实现金融服务于实体经济的目的。这种多方共赢的生态系统，正是国美供应链金融未来所希望创造的商业价值和发展方向。

资料来源：中国物流与采购联合会物流与供应链金融分会．中国物流与供应链金融发展报告［R］. 2018.

思考题

1. 国美开展供应链金融业务有哪些优势？
2. 国美开发的供应链金融产品包括哪些类型？

第 2 章　供应链金融的业务模式

企业在日常运营过程中，通常先支付资金购入材料形成存货，再将产品出售、回笼现金，由此构成一个经营循环。在采购阶段需要预付资金，在生产阶段需要存货保证作业流程，在销售阶段会产生大量的应收账款。由此，营运资金以预付账款、存货、应收账款的形式被占用，这给企业的资金周转带来一定的压力，造成现金流紧张。

企业在生产运营过程中产生的这些资金缺口，可以通过供应链金融切入。因此，供应链金融的主要业务就是围绕着这三个阶段展开，即采购阶段的预付账款融资、生产阶段的库存融资和销售阶段的应收账款融资。

2.1　预付账款融资

2.1.1　预付账款融资的内涵

供应链下游企业一般要向上游供应商预付账款，从而获得正常经营所需的原材料、半成品或成品。供应链下游企业由于资金被长时间占用，在现金流紧张的情况下，就产生了融资的需求。

预付账款融资模式是指在上游企业承诺回购的前提下，中小企业以金融机构指定仓库的既定仓单向银行等金融机构申请质押贷款来缓解预付货款的压力，同时由金融机构控制其提货权的融资业务。预付账款融资的担保基础是预付款项下客户对供应商的提货权，或提货权实现后通过发货、运输等环节形成的在途存货或库存存货。当货物到达后，融资企业可以向银行申请将到达货物进一步转化为存货融资，从而实现融资的“无缝链接”。

2.1.2　预付账款融资的主要类型

预付账款融资主要包括先票/款后货授信、担保提货授信、进口信用证项下未来货权质押授信、国内信用证和附保贴函的商业承兑汇票等几种类型。

1. 先票/款后货授信

先票/款后货授信是存货融资由进一步发展而来的，它是指供应链下游企业（即融资企业）从银行申请融资获得贷款，在交纳一定比例保证金的前提下，向上游供应商预付全额货款；供应商按照合同的约定发运货物，货物到达后设定抵质押作为银行授信的担保。其具体业务流程如图 2－1 所示。

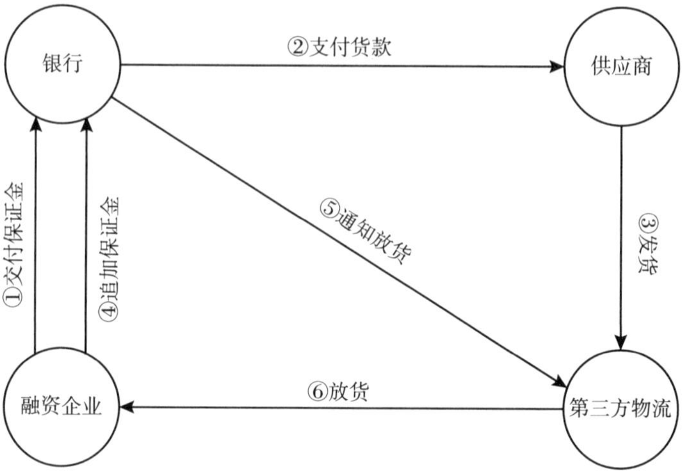

图 2－1　先票/款后货授信业务流程

该模式对于融资企业而言，由于授信时间不仅覆盖了上游供应商的生产周期和物流时间，而且到货后可以转为库存融资，能够有效地缓解融资企业对流动资金的需求压力。此外，由于获得了银行的资金支持，融资企业可以从供应商处争取较高的折扣，进而提前锁定商品采购价格，防止涨价风险。而对于银行而言，由于可以利用贸易链条的延伸，进一步开发银行的上游企业业务资源。此外，由于供应商承诺对其销售货物的回购或调剂销售条款，有利于化解融资企业违约情况下的变现风险。

2. 担保提货授信

担保提货授信也称为保兑仓授信，是先票/款后货授信的变种，也就是供应链下游企业（即融资企业）交纳一定保证金的前提下，银行向融资企业提供贷款，用于向供应商支付的采购款。随后，融资企业分次向银行提交提货保证金，银行再分次通知供应商向融资企业发货。其具体业务流程如图 2－2 所示。若供应商发货不足，该部分的价值由供应商向银行承担退款责任。该模式同样也是为了解决融资企业在采购阶段的资金短缺问题。

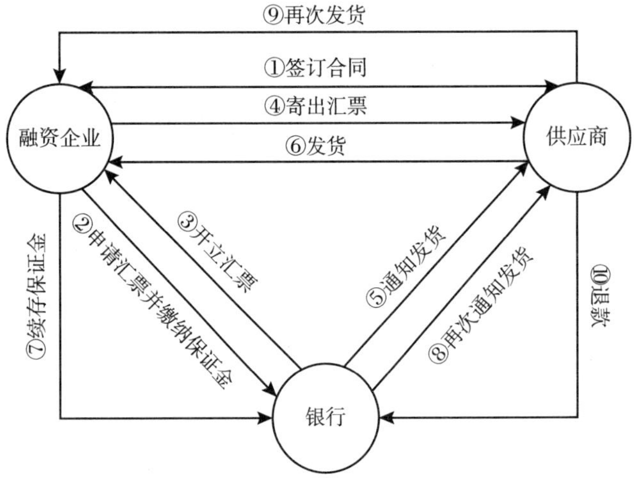

图 2－2　担保提货授信业务流程

该模式对于融资企业而言，大批量的采购可以获得价格优惠，“淡季打款、旺季销售”模式有利于锁定价格风险。此外，由于货物直接由上游监管，省去了监管费用的支出。对于供应商而言，可以一次性获得大笔预收款，缓解了流动资金压力，同时锁定未来销售，增强了销售的确定性和稳定性。而对于银行而言，由于将供应商和物流监管合二为一，在简化了风险控制维度的同时，引入供应商发货不足的退款责任，实际上直接解决了抵质押物的变现问题。

3. 进口信用证项下未来货权质押授信

进口信用证项下未来货权质押授信是指进口企业（即融资企业）根据银行授信审批规定交纳一定比例的保证金后，银行为其开出信用证，并通过控制信用证项下单据所代表的货权来控制进口企业还款来源的一种融资方式。其具体业务流程如图 2－3 所示。由于货物到港后可以转换为存货抵质押授信，这种融资产品适用的对象包括：购买大宗商品的企业、拥有稳定购销渠道的专业进口外贸公司，以及需要扩大财务杠杆效应、降低担保抵押成本的进口企业。

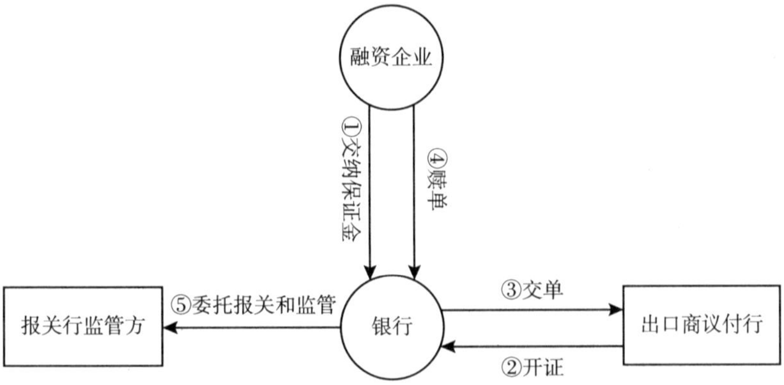

图 2－3　进口信用证项下未来货权质押授信业务流程

该模式对于融资企业而言，在没有其他抵质押或担保的情况下，只需交纳一定的保证金即可对外开证采购，融资企业可以利用少量保证金扩大一次性采购规模，从而获得折扣优惠。对于银行而言，由于放弃了传统开证业务中对抵质押和保证担保的要求，扩大了客户开发的范围。同时，由于控制了货权，银行风险并未明显放大。

4. 国内信用证

国内信用证业务是指在国内企业之间的商品交易中，银行依照融资企业的申请开出符合信用证条款的单据支付货款的付款承诺，它可以解决陌生的融资企业与供应商之间的信用风险问题。其具体业务流程如图 2－4 所示。国内信用证以银行信用弥补了商业信用的不足，规避了传统人民币结算业务中的诸多风险。同时，信用证也没有签发银行承兑汇票时所设的金额限制，从而使交易更具弹性，手续更简便。

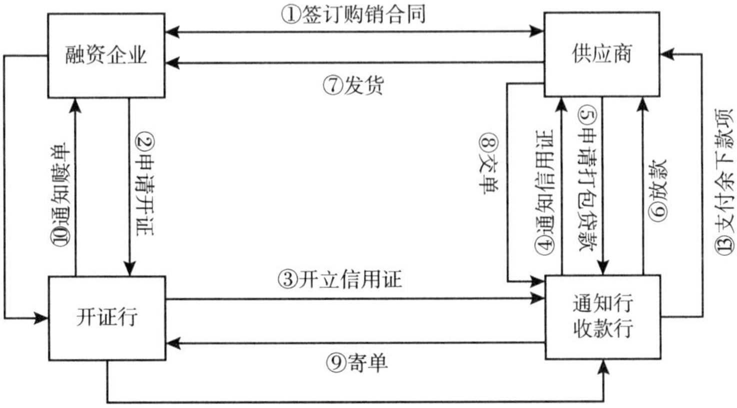

图 2－4　国内信用证业务流程

该模式对于融资企业而言，可以利用在开证银行的授信额度开立延期付款信用来提取货物，用销售收入来支付国内信用证款项，不占用自有资金，优化了资金的使用效率。对于供应商而言，按照规定发货后，其应收账款就具备了银行信用的保障，能够避免拖欠及坏账的风险。而对于银行而言，国内信用证相比于先票/款后货授信和担保提货授信，规避了供应商的信用风险，且对货权的控制更为有效。此外，银行还能够获得信用证相关的中间业务收入。

5. 附保贴函的商业承兑汇票

附保贴函的商业承兑汇票也称为商业承兑汇票保贴，是指银行对商业汇票承兑人、背书人或持票人核定授信额度，并在授信额度内对其商业承兑汇票提供贴现的一种授信行为。其具体业务流程如图 2－5 所示。根据定义可以看出，商业承兑汇票保贴是银行对企业发放的授信额度，可在额度内循环使用。申请保贴额度的企业既可以是票据的承兑人，也可以是票据的背书人或持票人。授信承担人在取得了银行保贴额度的授信后，可以在签发或持有的商业承兑汇票后加具银行保贴函，由银行保证贴现，当票据持有人向银行提交票据要求贴现时，由银行扣除利息后向其融通资金。

在事先审定的贴现额度内，银行承诺对特定承兑人承兑的商业汇票或特定持有人持有的商业承兑汇票办理贴现的业务，即给予承兑人或持票人保贴额度的一种授信业务。申请商业承兑汇票保贴额度的企业既可以是票据承兑人，也可以是票据持票人。

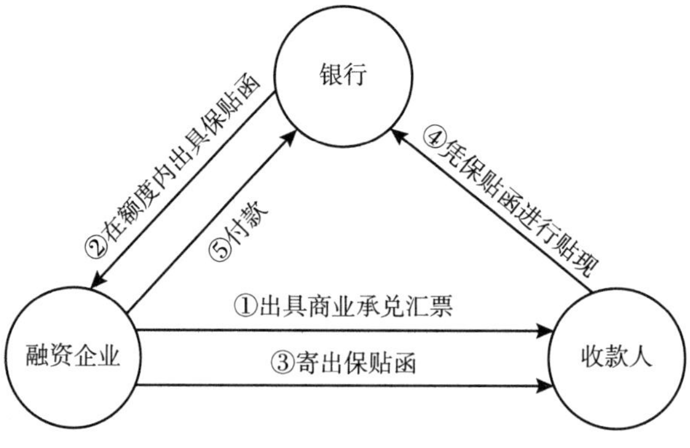

图 2－5　附保贴函的商业承兑汇票业务流程

该模式对于交易双方而言，通过提高商业承兑汇票的信用，加强了商业票据的变现能力和流通性，从而使得商业承兑汇票更易于被买方接受。与银行承兑汇票相比，商业承兑汇票的付款人一般是企业，由于我国的商业信用体系尚未完全建立，商业承兑汇票贴现较银行汇票难度大，不容易被持票人接受。如果银行在商业承兑汇票后加具保贴函，持票人得到银行贴现的承诺，可以在票据未到期前，通过向银行申请贴现提前融通资金。票据到期后，由银行向承兑人提示付款。因此，附加保贴函后的商业承兑汇票的被接受性大大提高，基本功能上可视同于银行承兑汇票，可作为企业用于支付的资金融通的重要信用工具。

在这种模式下，承兑人以商业信誉购买商品，节约了营运资金和资金成本；同时，省去了开立银票需缴纳的费用和保证金，节约成本。持票人以买方的信用获得资金融通，贴现无需另外的担保，手续比普通商票贴现简便快捷，融资成本较低，因为在免除了手续费的同时，贴现率也低于贷款。对于银行而言，由于项目封闭运作，这种模式可以控制资金流向，提高风险控制能力。同时，票据责任形成隐形连带责任担保，有助于降低操作风险和操作成本。此外，通过票据业务，可以充分借助核心企业的结算链条，为银行营销核心企业的上游企业实现链式营销提供便利。

2.2　库存融资

2.2.1　库存融资的内涵

传统的供应链管理试图通过加强供应链企业之间的信息沟通，降低供应链中的牛鞭效应，减少供应链企业库存，从而实现减少库存占用的资金成本的目标。但在产品生产周期不断缩短、需求市场波动频繁的背景下，缺乏良好融资渠道的中小企业陷入两难境地：一方面为了保证生产销售的稳定性，企业不得不保有大量库存应对市场变化；另一方面又希望尽快将库存转变为现金流，维持自身运营的持续性。在这样的背景下，库存融资成为填补库存导致的资金缺口、提高企业流动性的重要手段。

库存融资产生在供应链金融发展的早期，其模式发展到今天已逐渐趋于成熟。库存融资也被称为存货融资或动产质押融资，是企业以存货作为质押，经过专业的第三方物流企业的评估和证明后，金融机构向其授信的一种融资模式。动产质押广泛存在于各个领域，当特指供应链金融领域时，一般要求质押物与供应链的货物或服务流动存在密切的联系，如原材料、零部件、成品，甚至仓单等预期将会流动并产生收益的物品。不同于应收账款融资和预付款融资，动产质押本质上是借款和担保合同的组合，在没有特别约定的情况下是否有真实的交易背景不会影响合同的成立和性质。

2.2.2 库存融资的主要类型

本节将介绍几种典型的库存融资模式，分别是静态抵质押授信、动态抵质押授信、标准仓单质押授信和普通仓单质押授信。

1. 静态抵质押授信

静态抵质押授信是指融资企业将抵质押货物交给银行委托的第三方物流进行监管，在取得银行贷款后，该抵质押货物一直到抵质押结束、贷款清偿后才能重新流通使用的一种融资模式。其具体业务流程如图 2－6 所示。银行不允许融资企业针对抵质押物采取以货易货形式，必须用保证金赎货，赎货后所释放的授信敞口可被重新使用。

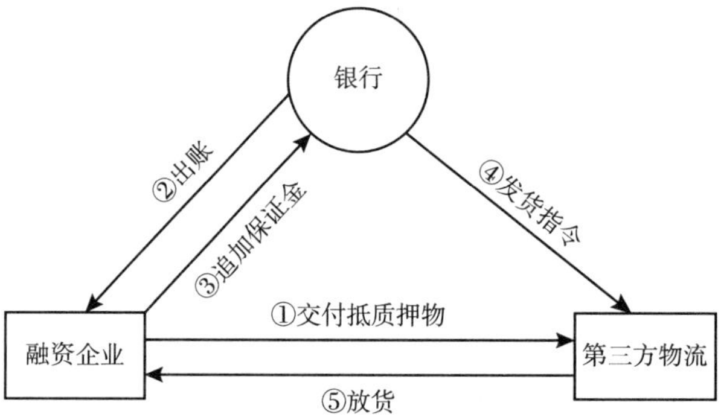

图 2－6　静态抵质押授信业务流程

该种模式下，融资企业在没有其他抵质押物的情况下，可以从银行获得授信，得以将原本积压在存货上的资金盘活，有利于扩大经营规模。对于银行而言，有助于拓展客户资源，扩大收入来源。

2. 动态抵质押授信

动态抵质押授信是静态抵质押授信的延伸产品。该种模式下，银行对于融资企业抵质押的商品价值设定最低限额，允许限额以上的商品出库，也可以以货易货。这种模式适用于库存稳定、货物品类较为一致、抵质押物的价值核定较为容易的客户，或者存货进出频繁且无法采取静态抵质押授信的客户。其具体业务流程如图 2－7 所示。

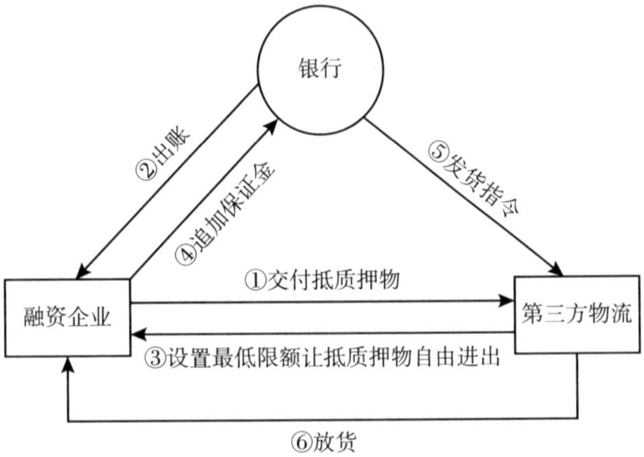

图 2-7　动态抵质押授信业务流程

对于融资企业而言，该种模式通过以货易货可以最大化消除抵质押设定对于生产经营活动的影响。特别是对于库存稳定的企业而言，在合理设定抵质押价值底线的前提下，授信期间几乎无须启动追加保证金赎货的流程，因此有助于盘活库存资金。而对于银行而言，相对于静态抵质押授信，虽然保证金收入减少，但相比之下操作成本更小。

3. 仓单质押授信

仓单即仓库的提货单，也就是仓储公司给货物的存储人或者所有权人开具的存储和提货的凭证，持有该凭证可以向仓储公司提取货物。凭证可以转让，转让的同时也代表着货物所有权的转让。所以，仓单就是这批货物的代表符号。

仓单质押融资指的是把仓单质押给银行，从银行那里获得融资，其实质是一种存货质押融资。仓单质押可以分为标准仓单质押授信和普通仓单质押授信，其区别在于质押物是否为期货交制仓单。

（1）标准仓单质押授信。标准仓单是一种标准化提货凭证，是由期货交易所统一制定，由期货交易所指定交割仓库完成入库商品的验收，确认合格后发给货主并在期货交易所注册生效的提权凭证。如果一个企业委托期货经纪公司，在期货交易市场采购了一批货物做库存，这批货物存放在期货交易所指定的仓库里，企业手里握有这批货物的标准仓单。该种模式适用于通过期货交易市场进行采购或销售以期通过期货交易市场套期保值、规避经营风险的客户。

例如，对于为公路建设提供钢材的企业来讲，企业手中可能会持有一定量的钢材的期货标准仓单，用以进行风险对冲操作，从而缩减成本及提高利润。但是，这又会在一定程度上占用企业的资金。在这种情况下，银行方面可以为企业提供标准仓单质押业务，用以满足企业的金融服务需求。

首先，融资企业需要向银行提出标准仓单质押融资的申请，提交该标准仓单，以及企业自身的相关材料；其次，银行对这些材料进行审核，通过审核后，银行、融资企业、期货经纪公司相互之间分别签署贷款合同、质押合同、合作协议等一系列文件，并且共同在期货交易所办理标准仓单质押手续，确保质押生效；最后，办理好所有手续之后，银行向企业提供融资。其具体业务流程如图 2－8 所示。

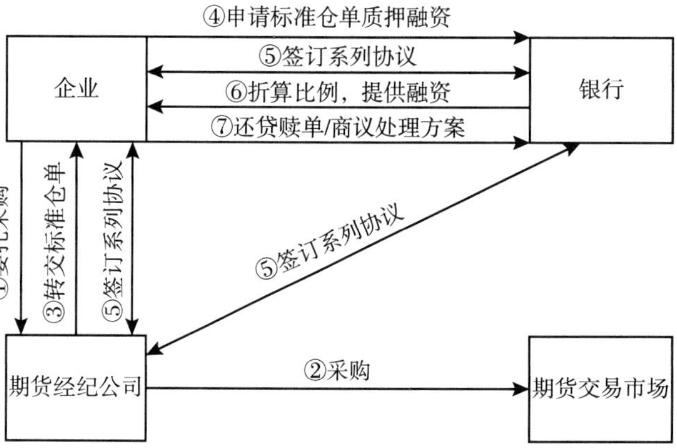

图 2－8　标准仓单质押授信业务流程

当企业需要质押物时，就向银行还钱赎回标准仓单；如果不需要这批质押物了，企业可以跟银行商量如何处理这批标准仓单，得到的资金用以偿还借贷。融资企业需要向银行缴纳保证金。在融资期内，如果质押货物的市场价格下降，企业需要向银行追加保证金，否则银行有权自行处置部分货物，来补偿质押物价值的损失。

对于客户而言，相比动产抵质押，标准仓单质押手续简便、成本较低。而对于银行而言，由于标准仓单所涉及的货物都是标准化且容易变现的流动性很强的货物，跟普通仓单质押相比，风险更小、成本更低，并且更易操作。

（2）普通仓单质押授信。普通仓单非期货交割用标准仓单，是由商业银行评估认可的有资质的仓库或第三方物流公司开具，以生产、物流领域有较强变现能力的通用产品为形式表现的权益凭证。

普通仓单质押授信是指融资企业提供普通仓单作为质押物，并对仓单作出质背书，银行提供融资的一种产品。鉴于仓单的有价证券性质，出具仓单的仓库或第三方物流公司需要具有很高的资质。

若融资企业有一批暂时不使用的库存，可以先把这批货物存放到一家有资格开仓单的第三方物流公司，并取得物流公司开具的仓单。接着，融资企业向银行申请仓单质押融资，银行向第三方物流公司调查审核并通过之后，就可以接受仓单的质押转让，并且跟融资企业、第三方物流签署一系列的协议书。然后，银行提供贷款给融资企业，融资金额一般不会是质押物的原价，银行需要保留一部分作为借贷的保证金。当融资企业需要这批货物时，先向银行偿还货款和利息，银行在收到货款后通知第三方物流放货，物流公司收到通知后就会向融资企业交付货物。其具体业务流程如图 2－9 所示。在还完借贷之前，如果质押物市场价格下降，融资企业需要补充差价，也就是追加保证金。如果它不追加保证金，或者干脆欠债不还，银行有权把质押货变现处理。

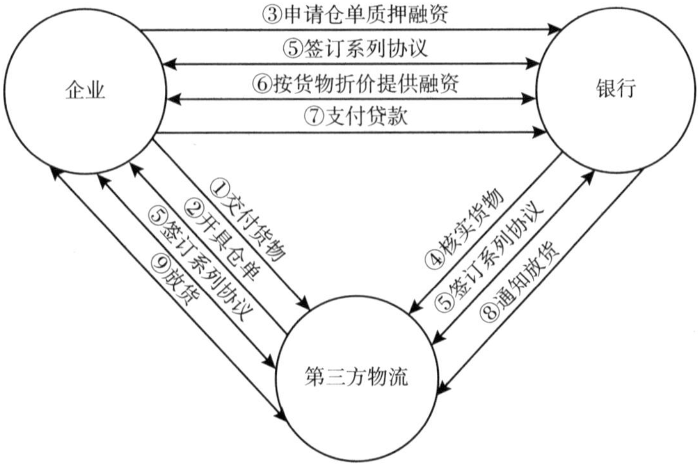

图 2－9　普通仓单质押授信业务流程

通过普通仓单质押融资，企业可以质押库存得到融资，需要库存时能够及时提取。银行能够赚取差价和利息，第三方物流也能获得更多的收益。

2.3　应收账款融资

2.3.1　应收账款融资的内涵

由于供应链条上供应商和核心企业在公司规模、信用级别、谈判能力等各方面都存在不对等的情况，核心企业由于具有更多的话语权和更高的信用级别，通常采用赊销方式。供应商由于大量应收账款而面临资金压力，妨碍其生产经营和业务发展。应收账款融资模式即针对企业产品销售环节的现金缺口问题，为供应链上、中游的中小型债权企业提供融资服务。

应收账款融资是供应链金融中常见的融资模式之一，它主要是以买卖双方签订的真实的贸易合同所产生的应收账款为基础的融资业务，即指供应链上的中小企业为了获取资金来支持企业的正常运营，以买卖双方签订的真实贸易合同产生的应收账款为基础，银行为融资企业提供的，以合同项下应收账款回收所产生的现金流作为还款来源的融资业务。该种模式下，债权企业（即融资企业）、金融机构及债务企业均参与其中，债务企业为核心企业，凭借其在供应链中的较强实力及较好信用水平，在融资模式中起着反担保作用，若融资出现问题，债务企业将承担起弥补金融机构损失的责任，由此银行的贷款风险得以有效控制。

2.3.2　应收账款融资的主要类型

应收账款融资主要分为保理、保理池融资、票据池融资、反向保理和出口信用险融资五种类别。

1. 保理

保理业务是基于供应链上游企业（即卖方）向核心企业（即买方）销售货物或服务所产生的应收账款，上游企业将应收账款转让给保理商（通常是银行或其附属机构，有时也可能是独立的保理商），由保理商向上游企业提供融资、债款回收、销售分户账管理、提前实现信用销售控制回款等综合性金融服务。

（1）保理业务的分类。保理有很多种类，根据不同的划分依据，有不同的分类，见表 2－1。按照是否保留对上游企业追索权，保理分为追索权保理和无追索权保理；按照是否通知核心企业应收账款债权转让事宜，保理分为明保理和暗保理；按照额度是否可以循环使用，保理分为循环保理和非循环保理。

表 2－1　　　　保理业务的分类

划分依据	类型	关键性解释
是否保留对上游企业追索权	追索权保理	若核心企业到期未付款或未足额付款，保理商有权向上游企业追偿或者上游企业根据约定回购应收债权，坏账风险由上游企业承担
	无追索权保理	若因核心企业信用风险导致应收账款到期无法收回，保理商承担坏账风险，不能向上游企业进行追偿

续表

划分依据	类型	关键性解释
是否通知买方应收账款债权转让事宜	明保理	卖方转让应收账款时按照保理商认可的方式向买方发送书面通知
	暗保理	卖方转让应收账款时不立即通知买方，而是向保理商提交有关应收账款债权转让的书面通知，保理商可随时向买方发出该通知
额度是否可以循环使用	循环保理	保理商在有效期内为卖方提供循环融资
	非循环保理	保理商在有效期内为卖方不提供循环融资

（2）明保理。明保理的最大特征体现在，卖方转账应收账款是会按照保理商认可的方式向买方发送书面通知。

供应链上游企业因资金周转需要，通过与保理商协商，将其以赊销的方式销售给下游企业并取得的应收账款转让给保理商。上游企业按照保理商认可的方式，将应收账款的转让情况书面告知核心企业。核心企业收到书面通知后向上游企业和保理商反馈确认，然后保理商向上游企业提供融资。在应收账款到期日前，核心企业向上游企业指定的账户支付，保理商扣除融资额后，将剩余的款项存入上游企业账户。其具体业务流程如图 2－10 所示。

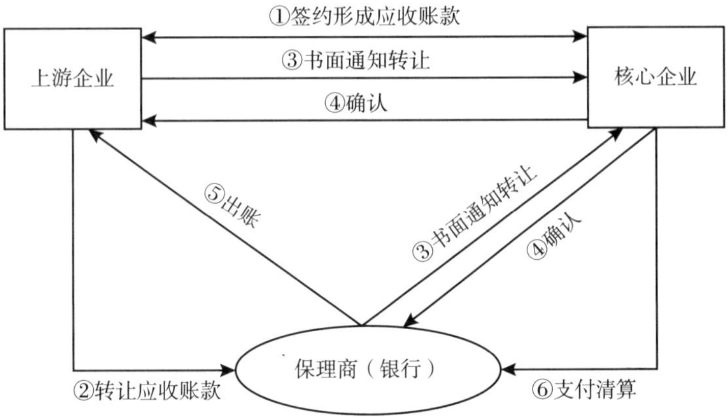

图 2－10　明保理业务流程

对于上游企业而言，该模式通过转让应收账款从保理商处提前获得销售回款，避免资金被占用，加速了资金的周转。核心企业可以通过从上游企业获得赊销的优惠条件，扩大营业额。保理商可以通过该种模式开拓新的信贷市场，丰富融资产品，同时增加保理业务的中间费用。

（3）暗保理。暗保理的流程与明保理相似，不同之处仅在于，卖方转让应收账款时不立即通知买方，而是向保理商提交有关应收账款债权转让的书面通知，保理商可随时向买方发出该通知。

在核心企业比较强势、不愿意配合保理商和上游企业的情形下，或者上游企业有意隐瞒自己资金状况的情形下，暗保理更适用。除了具有明保理同样的优势之外，暗保理的优势还体现在其手续比明保理更简便。

2. 保理池融资

保理池融资是保理的衍生形式之一，是指供应链上游企业将其与一个或多个核心企业形成的不同期限、不同金额的应收账款汇聚成应收账款池，一次性地转让给保理商，保理商根据应收账款池的余额，向上游企业提供贸易融资、销售分户账管理、账款催收、信用风险控制与坏账担保等综合性金融服务。

供应链上游企业因资金周转需要，通过与保理商协商，将其与下游一个或多个核心企业之间的多笔应收账款形成应收账款池整体转让给保理商。上游企业与保理商以书面通知的形式，将应收账款的转让情况告知下游的核心企业。下游核心企业确认收到书面通知，并向上游企业和保理商反馈确认。保理商向上游企业提供融资。应收账款到期日前，下游的核心企业向上游企业指定的账户支付，保理商扣除融资额后，将剩余的款项存入上游企业账户。其具体业务流程如图 2－11 所示。

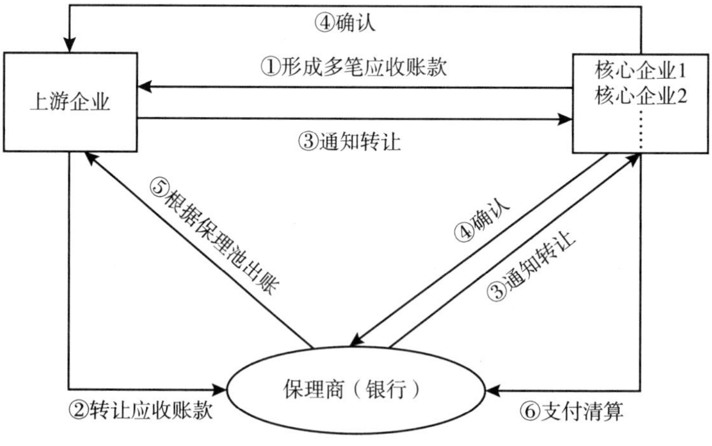

图 2－11　保理池融资业务流程

开展保理池融资业务，旨在帮助供应链上游企业缩短应收账款周期。尤其是对于那些客户多、出货批次多、出货时间分散且单笔发票金额较小的企业，有大量的以应收账款形式存在的沉淀资金，保理池融资是一种理想的选择，有助于上游企业挖掘零散的应收账款变现融资的潜力，能够最大限度地提高企业的资金利用率。此外，通过统一打包方式，可以低成本地实现多笔应收账款的融资，免去上游企业和保理商之间的多次保理手续，操作更便利。

3. 票据池融资

票据是指以支付金钱为目的的证券，通常由出票人在票据上签名，约定无条件地由自己或另一人支付一定的金额，票据可以流通转让。常用的票据有本票、支票和汇票。票据作为一种重要的结算工具，在供应链上下游企业的结算交易中被广泛应用。

票据池融资也是保理的一种衍生业务，是指上游企业将所持有的票据汇聚成票据池，全部或部分向保理商质押，保理商根据票据池的余额向上游企业提供贸易融资、票据托管、委托收款等综合性金融服务。

供应链上游企业因资金周转需要，通过与保理商协商，将其与下游一个或多个核心企业之间形成的多笔结算商业票据形成票据池，并转让给保理商。上游企业与保理商以书面通知的形式，将票据质押的情况告知下游的核心企业，也可不告知，具体根据票据的特征确定。下游核心企业确认收到书面通知，并向上游企业和保理商反馈确认，也可不反馈，具体根据票据的特征确定。然后保理商向上游企业提供融资。在票据到期日前，下游核心企业向上游企业指定的账户支付票据款，保理商扣除融资额后，将剩余的款项存入上游企业账户。其具体业务流程如图 2－12 所示。

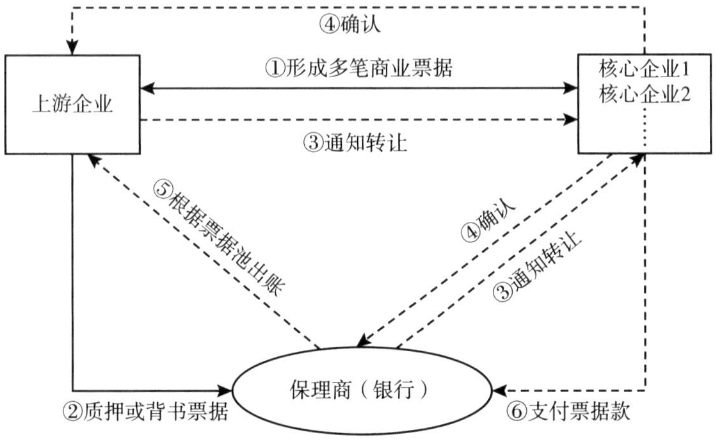

图 2－12　票据池融资业务流程

票据池融资的优势是可以减少上游企业保管和托收票据的工作量，有利于解决上游企业资金使用与票据金额、日期不匹配的问题，有助于银行吸引票据到期后的企业存款。

4. 反向保理

反向保理是保理业务的一个变形，又被称为逆保理，是保理商与核心企业而非供应商上游企业达成的融资业务。主要针对核心企业向其上游企业采购产品或服务所产生的款项，目的在于为核心企业的上游企业提供一揽子的融资、结算等综合服务。该模式主要适用于与核心企业有稳定贸易往来或者和核心企业有良好合作关系的中小微企业。

核心企业将有资金需求的其自身或成员企业的供应商推荐给保理公司，由保理公司根据核心企业或其成员企业与其供应商之间的应收账款，在核心企业或其成员企业承诺付款的情况下，向供应商提供融资。其具体业务流程如图 2－13 所示。反向保理中，核心企业的信用情况是保理公司风险的关注重点，在一些情况下，保理公司和核心企业是合作关系或关联关系，有些保理公司是核心企业专门下设的用于处理其集团内部和供应商之间应收账款的机构。

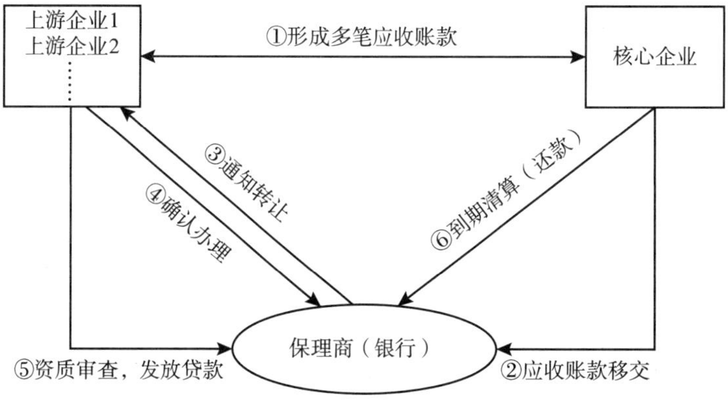

图 2－13　反向保理业务流程

对于上游企业而言，反向保理能降低进行保理融资的门槛；而对于银行而言，可以深入了解核心企业，从而降低保理的系统风险。

5. 出口信用险融资

出口信用险融资是指出口企业将已投保的信用险赔款权益转让给保理商后，保理商向出口企业提供资金融通，当保险责任范围内的损失发生时，保险公司按照规定向出口企业理赔，并将理赔款直接支付给保理商。该种模式适用于向高风险地区出口时，或不了解进口商情况时，购买了出口信用险的出口企业。

出口企业因资金周转需要，申请将在保险公司投保的出口信用险转让给保理商进行融资，出口企业、保险公司与保理商三方签订《权益转让协议》。出口企业向保理商申请融资。保理商根据三方协议以及对出口企业的审核，向出口企业发放融资款项。保理商提示进口企业付款。应收账款到期日，进口企业向出口企业指定的账户支付，用于归还出口企业的融资款，保理商扣除融资额后，将剩余的款项存入出口企业账户。其具体业务流程如图2-14所示。

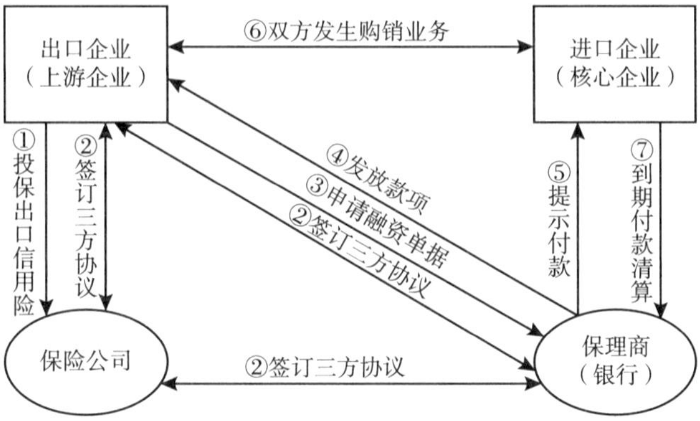

图2-14　出口信用险融资业务流程

出口信用险融资的优势表现为：零抵押、零担保有助于解决出口企业融资难的问题；保理商和保险公司各司其职，分散了出口的风险。

精选案例

案例2-1　平安银行“采购自由贷”模式分析

1. 平安银行“采购自由贷”介绍

“采购自由贷”是平安银行线上供应链金融预付融资业务模式下的一种产品类型，其采用的是现款预付的商业模式。由平安银行以海尔经销商业务实际需求为核心，依托日日顺B2B官网的信息支持，降低经销商准入标准，大幅简化经销商授信资料，对业务进行批量授信、批量开发的预付类网络融资服务。针对海尔经销商销售规模的不同，“采购自由贷”又分为两种不同的业务模式：适用于海尔中小经销商的控货模式和适用于海尔大型经销商的“控货+信用”模式。

平安银行为海尔中小经销商提供的控货模式的融资方式，其实质是担保提货（保兑仓）授信模式的线上延伸发展。它是在海尔中小经销商交纳一定保证金的前提下，经销商通过运用平安银行贷出的全额货款向海尔采购，海尔需要出具全额提单作为授信的抵质押物。在控货模式下，海尔中小经销商需要分次向平安银行缴纳提货保证金，平安银行再分次通知海尔向其中小经销商发货。如若海尔中小经销商未能按期打款赎货，则海尔需要就发货不足部分的价值向平安银行承担退款责任。其具体业务流程如图2-15所示。

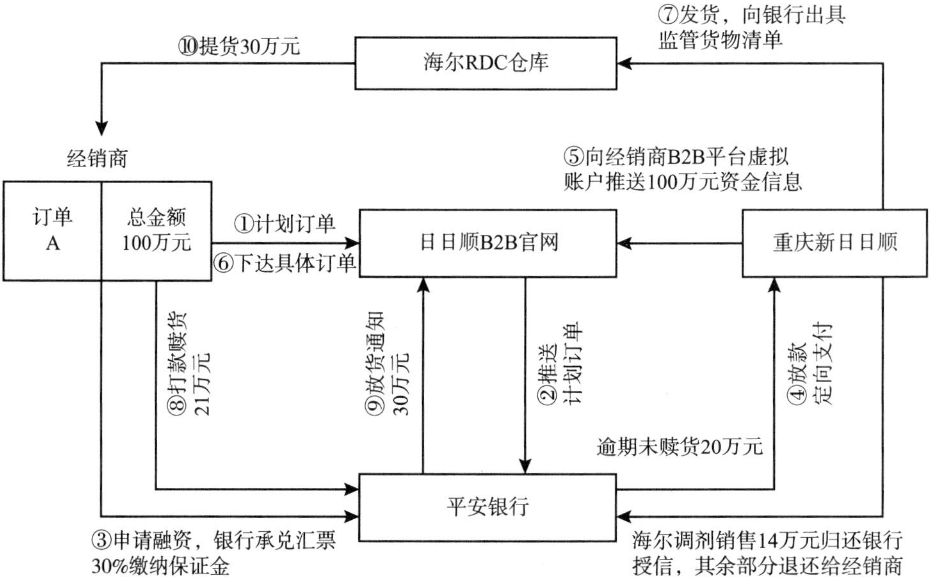

图2-15 适用于海尔中小经销商的控货模式业务流程

业务流程主要包括以下几个步骤：①海尔中小经销商向日日顺B2B平台发送拟采购订单；②日日顺将经销商订单资金发送给平安银行；③经销商向平安银行申请融资，平安银行在线审核经销商与海尔的订单数据信息后为经销商开出100万元（假设数据）的银行承兑汇票，经销商按银行承兑汇票的30%向银行缴纳初始保证金30万元；④平安银行向第三方监管企业重庆新日日顺支付定向放款100万元资金；⑤重庆新日日顺向经销商B2B平台虚拟账户推送银行具体支付的100万元资金信息；⑥经销商在日日顺下达具体的订单信息；⑦重庆新日日顺向海尔RDC仓库发送准备出货的数量，并向银行出具监管这批货物的清单；⑧假定经销商根据销售需要向平安银行补入21万元提货保证金；⑨平安银行根据贷款配比 30% 的保证金比例（货款 70% 的抵押率）通知日日顺向经销商发送 30 万元的货物；⑩海尔 RDC 仓库向经销商发送 30 万元的货物。如若海尔中小经销商在期限内没有补足保证金 20 万元，则海尔需要按照货款 70% 的抵押率向银行退回 14 万元的授信，其余部分再退还给经销商。

2. “采购自由贷”模式的运作

“采购自由贷”业务模式是平安银行对处于供应链上分销贸易环节的客户提供的融资解决方案，也是银行业务现以客户为中心，突破地域限制的一大体现。该种业务模式下，平安银行能够将自身的资金、业务、技术优势和海尔集团分销渠道网络、交易数据和物流业务有效地整合起来，通过互联网的方式以实现产融结合。采用该种模式运作的前提是平安银行具有较为完备的综合金融服务平台即橙 e 网，海尔集团建立有完善的分销网络渠道平台日日顺。核心企业海尔集团与平安银行签订合作协议，海尔集团愿意为下游经销商提供连带担保的责任。

在“采购自由贷”业务模式的实际运作中，参与主体有五个，分别为资金的需求方海尔经销商、资金的供给方平安银行、海尔集团的日日顺 B2B 官网、第三方监管企业重庆新日日顺，以及海尔 RDC 仓库。

申请融资的海尔经销商已经加入日日顺平台会员，其每一笔购货交易均是通过此平台操作，并在该平台保留交易数据和信誉记录，成为平安银行授信的依据；当资金紧张时，向平安银行进行融资申请。

平安银行作为出资方，在将自身的融资系统与日日顺平台连接后，在线审核日日顺平台上海尔经销商的订货信息并放款，主要担任为海尔经销商资金供应方的角色。

日日顺 B2B 官网，整合了虚网、营销网、物流网、服务网四网优势，为海尔经销商提供网上商品交易平台和物流供应链管理平台，海尔经销商利用该平台完成贷款的支用、归还和查询；平安银行通过海尔的系统跟踪经销商的经营信息，防范银行的贷款风险。

重庆新日日顺是海尔集团控股下的销售公司，专注于海尔产品在三四级市场的开拓销售，是平安银行指定的第三方货物监管企业，在平安银行向其支付放款资金以及经销商在日日顺官网上下达具体订单后向海尔 RDC 仓库发货。

海尔 RDC 仓库是海尔集团的区域分发中心，负责货物的仓储，在得到发货指令后，完成对经销商货物配送工作。

在整个业务模式的运转中，海尔经销商无需任何的抵押担保，只凭借是海尔集团的合作经销商且期限在一年以上，就可以快速实现融资。平安银行根据海尔经销商与海尔的销售数据和经营信息审核将要给予的授信额度，海尔经销商则根据自己的经营需求自主选择贷款期限和可使用的融资额度，最大限度地降低企业的融资成本。

3. “采购自由贷”模式的效果

在“采购自由贷”业务模式中，海尔经销商作为最直接的受益群体，依靠海尔集团能够从平安银行相对较低的成本获得融资，并利用线上供应链交易数据进行有效的销售管理。平安银行也可以借线上化平台提供多项金融业务，提升银行综合金融服务水平。

（1）融资“去货押”化，降低了融资整体成本。“采购自由贷”业务模式中的信用贷款模式，是平安银行针对海尔经销商产品销售周期的不同为其设计的灵活贷款方式，并通过考量海尔及其产业链的稳定性和持续积累的交易数据，利用海尔日日顺系统持续跟踪经销商的销售情况防范风险。信用模式的推出，平安银行不再占管货款项下的货物，这就实现了“去货押”化。作为资金融出方的平安银行省去了货押业务流程中的交易成本和监管成本；作为资金融入方的海尔经销商不用再多次向银行补入保证金，缓解了较大销售规模经销商的短期资金压力。另外，在信用贷款模式下，银行的出账效率会相对更高，更能方便海尔经销商快速提货，不仅能够使海尔经销商顺利完成销售计划，也有利于海尔集团利益的实现。同时，海尔经销商依靠海尔集团的信用实力获得平安银行相对较低的贷款利率，降低其利息成本。

（2）实时融资放款，提高了供应链运作效率。橙 e 平台与日日顺 B2B 平台的嫁接，使得平安银行与海尔集团以及海尔经销商在时空上搭建了金融和产业融合的生态圈。

首先，日日顺平台上对接全国各地（包括县镇）海尔专卖店和网点，并提供分销、物流与售后服务，其平台对接的下游经销商大部分都具有固定资产轻、收入规模小和现金流稳定的特点，通过线上的连接，经销商的每一笔订单都能在平台上快速实现，也使得海尔生产部门尽早拟订生产计划，做好备货工作。

其次，日日顺通过网络平台有序地将这些参与者组织在一起，并利用 n-door 系统实现日日顺和这些网点之间的互联互通，货物进销存的货款结算冲销等业务的操作都是经过线上完成，这也就方便了日日顺系统上累积供应链上参与者们的大量数据信息。在线上供应链系统上，海尔经销商可以随时根据经营生产情况借款和还款，银行则根据经销商在日日顺的订单和资金累积数据，进行线上化审核，为经销商提供融资。借助网银和电子信息技术，全流程的融资基本上采取的无纸化交易，节省了各方的沟通时间，使得供应链运作效率大大提高。

（3）线上可视化管理，降低了融资风险。线上供应链金融系统一大优点是信息可视化。在线下供应链金融阶段，核心厂商、经销商和监管企业三者之间从事的交易，银行都无法全面掌握其真实的交易数据。而在线上供应链金融阶段，由平安银行的线上供应链融资平台、海尔的日日顺电商平台和物流供应链管理平台以及在线支付交易平台四大平台构建的供应链金融系统，使得企业的商务活动与银行的金融服务完成了线上整合。

海尔经销商通过日日顺与海尔集团发生真实的线上交易活动后，利用线上供应链融资平台向平安银行发出融资申请。日日顺所配备的物流供应链管理平台主要执行基础物流配送任务，通过安装 GPS 设备，使货物配送的过程全程可视化，同时也为整个线上供应链金融上的各参与主体提供全面的物流信息服务。通过在线支付交易平台进行支付结算之后，在重庆新日日顺监管平台中实时查询自己货物配送或存货质押监管情况。重庆新日日顺作为第三方监管企业通过线上监管平台对物流运输和存货进行电子化监管，最大限度地发挥自身与供应链的协同效应。平安银行通过线上供应链金融系统可为融资方提供综合金融服务，实时跟踪监控资金流向，及时熟知每条供应链的运营情况，从而保障资金循环运作的安全稳定。

（4）有效黏住海尔产业链，提升了银行的服务能力。在一个由平安银行、海尔集团和海尔经销商三方构建的互联网产业生态圈内，平安银行可以根据经销商不同资质对经销商进行分级管理，分别提供不同的融资方案，解决经销商资金压力，帮助客户扩大业务，打造客户核心盈利能力，从而有效黏住经销商。

同时，在这个互联网产业生态圈内，海尔通过借助银行的资金实力满足供应链内部的资金需求，降低自身财务风险。以前的家电经销商或是选择直接向银行申请贷款，或是核心企业为三方承兑汇票提供背书或提供赊账期的方式获得资金支持，但这几种方式的缺点是增加了核心企业的财务风险，对于经销商而言，核心企业自居在产业链的主导地位通常在提供背书、账期等支持的同时降低销售价格补贴，加大了下游中小经销商的融资成本。海尔与平安银行的合作，实现了将供应链内部的资金需求引向平安银行，平安银行在下游企业资金短缺时提供融资服务。

（5）创新传统融资模式，提升产品实际应用价值。“采购自由贷”作为平安银行线上供应链金融预付类融资产品的一种，是专门为向海尔这类拥有较为完善的电子商务交易平台和物流平台而设计，对未来拥有此类完善平台的行业领导者企业都具有较强的适用性。尤其是“采购自由贷”业务模式中的“控货 + 信用”模式，也将是许多大型企业为其下游经销商选择最优的银行融资方式。

2015 年 4 月，平安银行落地的 H 公司（全球著名功能饮料公司之一）供应链项目，实现对 H 公司一级经销商授信审批 3 笔，对二级经销商的小微金融贷贷卡审批 53 笔，这意味着“采购自由贷”业务模式在大消费行业内得到了又一次的成功实践应用。在 H

公司供应链项目中，平安银行针对H公司分公司对总公司以及一级经销商对H公司分公司产生的预付货款，均可以通过使用“采购自由贷”产品预先完成货物的订购。对于H公司的二级经销商，平安银行通过审核其与分公司的交易数据核定小额贷款额度，解决他们的短期资金周转难题。

“采购自由贷”业务模式，对于家电、食品饮料以及医药行业都具有较强的推广价值，平安银行可以通过对各类行业的上下游链条的深入挖掘，进一步完善产品的运作模式。

资料来源：郑珊珊．平安银行线上供应链金融业务模式研究［D］．安徽：安徽财经大学，2016.

思考题

1. 采购自由贷属于哪一种供应链金融业务模式？请阐述具体的流程。

2. 平安银行“采购自由贷”模式中的主体有哪些？它们各自的功能或作用是什么？

案例2－2　顺丰金融的仓储融资

1. 顺丰供应链金融概况

1993年，顺丰速运诞生于广东顺德。自成立以来，顺丰始终专注于服务质量的提升，不断满足市场的需求，在中国建立了庞大的信息采集、市场开发、物流配送、快件收派等业务机构及服务网站，与此同时，顺丰积极拓展国际件服务，目前已开通美国、日本、韩国、新加坡、马来西亚、泰国、越南、澳大利亚、蒙古国等国家的快递服务。截至2020年6月30日，顺丰速运拥有57个速运中转场，约1 400个速运网点，速运场地面积超过209万平方米，且承载能力达11万吨，比2019年12月提升29%；在全国拥有1.9万余台速运收派车辆，1 439条速运干线，9 100条支线，业务覆盖全国31个省份、362个主要城市及地区。2020年上半年，顺丰速运日峰值货量峰值达2.8万吨，速运业务整体实现不含税营业收入76.74亿元，接近2018年全年营收，在顺丰控股总业务收入中的占比上升为10.8%。27年来，顺丰持续加强基础建设，积极研发和引进具有高科技含量的信息技术与设备，不断提升作业自动化水平，不断优化网络建设，实现了对快件产品流转全过程、全环节的信息监控、跟踪、查询及资源调度工作，确保了服务质量的稳步提升。

2015年年初，顺丰集团组建了金融服务事业部。顺丰金融的使命就是能够协助完成物流、信息流、资金流“三流合一”的过程，为消费者、机构客户提供更好的金融服务体验。

顺丰金融背靠强大的物流体系，目前供应链金融业务线已基本形成。包括基于货权的仓储融资、基于应收账款的保理融资、基于客户经营条件与合约的订单融资和基于客户信用的“顺小贷”。顺丰金融信贷体系如图 2－16 所示。

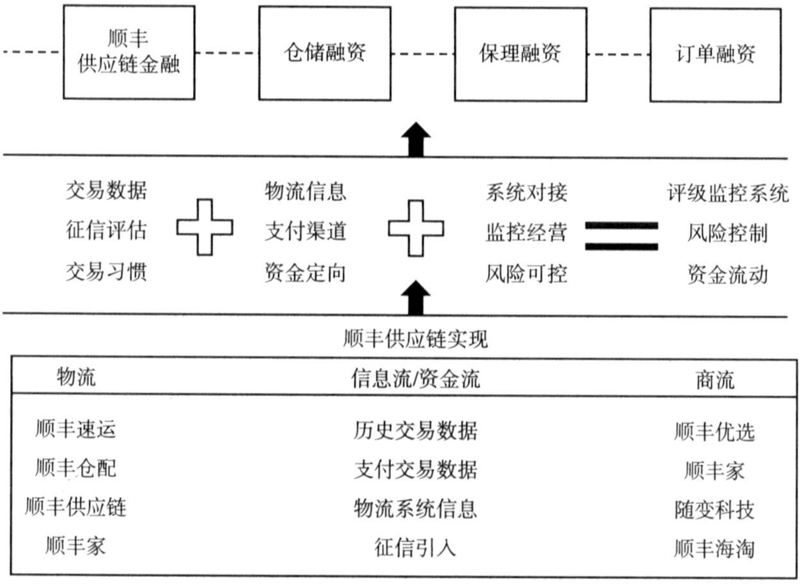

图 2－16　顺丰金融信贷体系

“四流合一”成为支撑丰富供应链金融业务线的基石，其中物流系统的构成包括顺丰速运，顺丰仓配、顺丰供应链以及顺丰家；信息流/资金流方面，由历史交易数据、支付交易数据、物流系统信息以及征信引入，来自 B2B 交易过程中沉淀下来的数据，被用于金融服务的评级和评估；商流方面，涵盖顺丰优选和顺丰海淘等。

基于上述“四流”，实现了在交易数据、物流信息、系统对接、监控系统四个方面的不断提升，从而为仓储融资、保理融资、订单融资等供应链金融各条业务线提供有力保障。

2. 顺丰金融信贷产品中的仓储融资

2015 年 3 月，全国上百个仓库为电商商家提供分仓备货，同时推出顺丰仓储融资服务。优质电商商家如果提前备货至顺丰仓库，不仅可以实现就近发货，还可凭入库的货品拿到贷款。庞大的物流配送网络，密集的仓储服务网点，再加上新兴的金融贷款业务，形成完整的物流服务闭环。该模式极大地提高了客户的服务满意度和客户黏性。

在客户信用评级的基础上，将顺丰仓储中的商品作为抵押，从而获得质押贷款，解决客户商品采购等临时性资金需求，让客户在使用顺丰分仓备货的同时享有可灵活调整的信贷额度，以解决资金短缺之急，并能灵活地随借随还，最大限度地降低客户资金使用成本。根据企业的资质和抵押的货品情况，顺丰给予的贷款额度为100万～3 000万元。

顺丰仓储质押业务可以实现动态质押，仓储数据实时在线更新功能，从而使得仓储质押业务方面实现动态变动授信额度的功能。与以往在仓单质押过程中需要提供很多数据相比，提供了非常精准的服务基础。

资料来源：宝象金融研究院，零壹研究院．互联网＋供应链金融创新［M］．北京：电子工业出版社，2016：82－84.

思考题

1. 什么是动态质押库存融资？
2. 以顺丰金融为例，分析物流企业主导供应链金融模式具有什么优势？

案例2－3　北京银行西安分行的“保理在线”网络融资业务

北京银行西安分行依托供应链核心企业，立足科技创新，2014年5月7日，正式发布针对供应链核心企业及上下游企业的行业专属融资服务平台——“保理在线”。

1. 具体流程

“保理在线”是通过银行系统与核心企业财务管理系统的对接，供应商通过网上银行客户端，即可实现融资申请、银行审核、贷款发放和还款等一系列操作，该项业务实现了核心企业供应商融资“网络化、结算化、异地化”，实现了银行服务的“定制化、专业化、全程化”。其具体业务流程如图2－17所示。

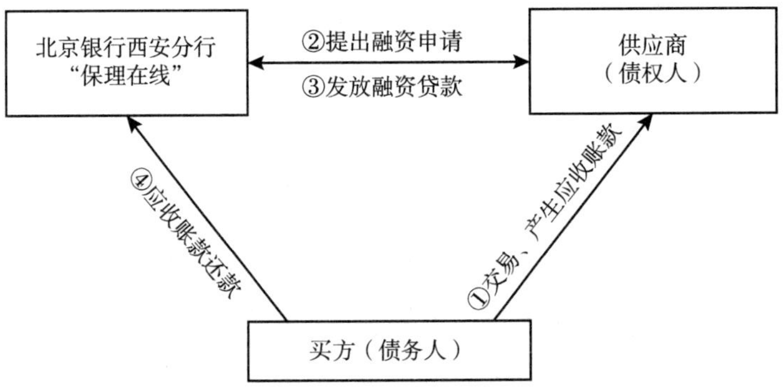

图2－17　应收账款“保理在线”融资业务流程

（1）买卖双方达成赊销合同，买方向卖方赊销货物，双方形成交易，产生应收账款。

（2）供应商将应收账款转让给“保理在线”，提出融资申请，“保理在线”对买方的经营状况进行资信评估，给出融资批准与融资额度。

（3）供应商收到融资款项，向买方发放货物。

（4）到期后“保理在线”从买方收到应收账款。

“保理在线”的推出，有针对性地解决长期困扰供应链核心企业和供应商的两大难题。该产品运用现代科技手段，为核心企业及其广大供应商搭建一个应收账款的管理、融资平台，推动核心企业的供应商建设、提高资金使用效率、提升行业竞争力，打通广大供应商融资渠道、帮助供应商加快资金周转速度、积累自身信用记录。

2. 存在的问题

为了解决传统业务效率和风险管控等模式存在的问题，很多银行陆续推出线上国内保理业务，即银行与核心企业进行系统对接，核心企业通过系统将应收账款信息发送至银行，供应商通过系统申请保理融资，经核心企业确认后系统直接向供应商放款。虽然目前的线上业务模式在一定程度上解决了效率的问题，但是在业务办理效率以及风险防控等方面仍然存在较大的提升空间。①

（1）系统对接带来额外工作负担。目前的线上保理模式需要银行与核心企业进行系统对接，而系统对接需要核心企业内部的科技部门、财务部门以及采购部门等相关部门相互配合才能完成，在系统对接后还需要专人负责维护管理。而且，系统对接还会在一定程度上给核心企业的相关系统带来病毒入侵、数据外泄等潜在风险，这些对于核心企业的相关部门来说都是额外的工作负担。此外，系统对接需要投入较多的资源，但却只能办理一项业务，而且还要承担系统方面的风险，综合效益并不显著。因此，对于线上保理的银企合作业务模式，核心企业内部往往会存在较大的阻力。

（2）应收账款真实性仍存在风险。线上保理业务通过由核心企业发送并确认应收账款信息，解决了传统保理业务需要手工核验应收账款真实性以及办理应收账款转让等问题，大大提升了业务办理效率。但是，由于应收账款信息是由核心企业单方面提供，银行并不能了解信息是直接来源于买卖双方的实际交易，还是经过核心企业加工处理。因此，即使核心企业的信用再高，仍然会存在核心企业对应收账款

① 吴宇星. 以网络供应链业务模式发展国内保理之探析 [J]. 全国流通经济，2019（6）：109－110.

进行造假，联合供应商骗取银行融资支持的风险。所以，从根本上看，线上保理业务模式是以核心企业的信用替代了相关的风险防控工作，实际上并没有强化风险防控。

资料来源：根据北京银行官网信息整理．

思考题

1. 什么是保理业务？阐述其主要流程。
2. 北京银行“保理在线”业务可能存在哪些风险？

案例2－4　天虹金融：零售仓单融资创新

1. 企业概况

深圳市天虹小额贷款有限公司（即天虹金融）由天虹商场股份有限公司（股票简称：天虹股份，股票代码：002419）发起投资，根据人民银行、银监会相关的规定以及《深圳市小额贷款公司试点管理暂行办法》，于2015年11月25日经深圳市政府金融发展办公室批准登记设立，公司注册于深圳市前海深港合作区，办公地址位于深圳市南山区中心路3019号天虹商场总部大厦12楼，注册资本为3亿元。

公司成立两年多来，主要解决天虹内部生态圈的供应商、服务提供商、品牌商、物业商在内的合作伙伴在发展过程中遇到的中短期资金周转难题。提供的常规产品包括应收账款质押融资、员工虹薪贷、VIP客户消费金融和动产质押融资等。截至2018年5月10日，融资贷款在途余额近4亿元，累计贷款金额14.4亿元，坏账率为零。

公司秉承“立足华南，辐射全国”的战略版图，在零售生态圈精耕细作，致力于将天虹金融打造成零售供应链金融的标杆。公司在2017年6月推出一项创新金融产品，即零售仓单融资。

2. 发展背景

2012—2014年市场出现仓单质押违约事件后，几乎所有的银行都暂停止了仓单质押融资业务，从台前退到幕后，取而代之的是各类B2B电商平台、保理公司，银行只做资金提供方。如果能够解决贸易真实性、货权不清、重复质押以及质押物的处置变现四个核心问题，仓单融资需求仍将是非常巨大的。

传统的仓单质押业务主要是指：在协议约定下，出质企业把在库存（包括原材料、产成品等）存储在第三方物流企业的仓库中，然后凭有仓单认证资格的企业开具的仓单凭证向金融机构申请贷款，金融机构根据仓单名下货物的价值向出质企业提供贷款。

零售仓单质押融资与传统的仓单质押类似，但是会存在以下几点区别。

（1）零售仓单的出质方会有更高的周转率要求，比如奶粉、纸尿裤、鞋子、化妆品之类商品随时会有周转的需要，这对于既定生成的仓单要求更频繁的解付、置换、再质押等操作。

（2）零售仓单的质押物有保质期，或者过季风险。若借款未及时归还，需要一个强有力的处置变现体系。在保质期之前，或产品过季之前处理完毕，不然仓单将会出现掉价情况，无法弥补融资本金风险。

3. 核心优势

鉴于此，很多金融机构根本无法对零售仓单进行融资操作。天虹金融依托于母公司天虹商场股份有限公司，可以有效解决这两个零售仓单融资痛点。天虹金融主要具备以下优势。

（1）依托于母公司在零售圈 30 多年的沉淀，天虹金融有专业的市场招商团队，对押品的市场前景、竞争环境进行深度分析，确定押品的折扣率，控制终极风险。

（2）借助母公司的质检团队，对押品企业的准入条件、合规性，进行分析确定，规避合规风险。

（3）背靠母公司天虹商场 67 家百货超市，5 家购物中心，200 多家便利店终端，在押品出现风险后，在保质期内或过季期内，天虹金融能有效对押品进行变现，从而控制终极风险。

（4）在零售仓单质押产品设计方面，天虹金融兼顾了客户的周转需求，引入押品浮动概念，押品浮动即该仓单项下的押品，天虹金融能接受其 20%（该规定值以双方设定为准）货值浮动，在押品货值浮动范围内，天虹金融可以不要求其对押品进行补充，出现押品货值浮动的情况可以是汇率浮动，也可以是押品正常周转。设定押品浮动的核心逻辑，是天虹金融对于其商品考察以及出险后控制手段的自信。

天虹金融可以保持“小规模运作 + 非核心业务外包”，有效降低客户的融资成本的同时，确保自身收益，控制风险。同时给第三方物流公司及仓单认证公司带来一部分收益。零售仓单质押融资业务流程如图 2 – 18 所示。

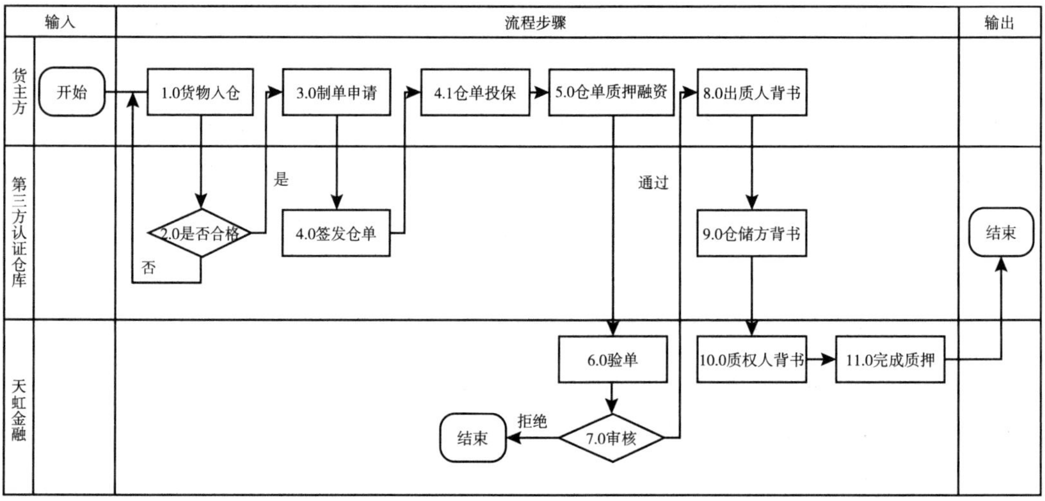

图 2－18　仓单质押融资业务流程

该过程中的操作要点及货物权属见表 2－2。

表 2－2　操作要点及货物权属

流程步骤	操作方	要点	货物权属
1.0 货物入仓	货主方	入仓价格为采购价的 7 折；货物入仓前承担货物质量、数量、单位等责任	货主方
2.0 是否合格	第三方物流	确定入仓货物的数量质量，对入库验收的数量、单位承担责任	货主方
3.0/4.0/5.0	货主方/第三方物流		货主方
6.0 验单	天虹金融	验单前提条件包括确定融资协议是否已经签署完毕；标的物采购价确定	货主方
7.0 审核	天虹金融	审核人与验单人不能为同一人，确保相互监督	货主方
8.0/9.0	货主方/第三方物流		货主方
10.0/11.0	天虹金融	完成质押后，动产权属已质押给天虹金融，因此货物不能正常移动；若需要使用或移动某质押物，需要做质押置换或解除仓单流程	天虹金融

4. 风险点及风险控制措施

零售仓单质押业务的风险主要在开具仓单、资信审查、价值评估、质押物出库等过程当中产生。在出质企业的质押物入库到第三方仓库，出具仓单以及质押物出库的过程中，第三方物流企业是仓单的出具者与保管者，负有无条件根据仓单交付货物的义务，所以必须保证实际货物的数量或价值与仓单完全符合，因此产生了质押物的监管风险；在资信审查和价值评估过程中，一旦出质企业因各类主客观因素违约也就意味着其利润受损，甚至影响到贷款无法得到回收和补偿，因此产生了出质企业可能违约的资信审查风险和贷款无法得到补偿的质押物价值评估风险。

（1）对出质企业的真实状态审查因信息不对称而存在的资信风险。由于信息的非对称性，在与出质企业的信贷交易过程中，出质企业拥有自己盈利水平、质押物合法性与质量状况等方面的更多、更真实的企业内部信息，处于信息优势地位，其风险主要在于信息不对称情况下，如果出质企业存在故意的隐瞒或欺骗，质权方难以判断企业所提供的企业经营状况和物品信息的真伪，一旦在对出质企业所提供的信息进行评估时出现失误，就可能造成质权方财货两空的局面。

（2）质押物监管风险。比如内部人员作案私自允许提单的风险、重复质押风险。

（3）押品价值评估风险。出质企业为了更多地获得贷款，刻意虚报、高报押品的价值，对押品高估的情形就会成为零售仓单融资业务的核心风险。该风险包括以下两个方面：一是押品的选择风险，并不是所有商品都适合做押品，所选择的押品价值不稳定，其价格和质量随时间变化较大，其变现能力弱，这样会在出现风险后，实行质权时导致损失；二是押品的质押率确定风险。

鉴于此，天虹金融开展零售仓单融资主要包括以下风控手段。

（1）出质企业的资信审查风险控制。在对出质企业的资信审查中，依托天虹的零售优势，对于押品在市场上的定位进行深度分析，对出质企业目前所处的市场地位进行对标判断，从而控制出质企业的资信审查风险。

（2）押品监管风险控制。借助专业的仓单公司，采用无线射频识别技术对货物进行严格监管，在托盘底部加入重量识别设备，若托盘重量比入仓时的重量出现差异，会自动报警。通过 24 小时的视频监控和作业监控手段，确保押品的监管风险可控。同时会对已质押仓单进行仓单质押登记，规避重复质押风险。

（3）押品价值评估风险控制。押品价值评估风险主要是因为在仓单质押期限内，押品过季的价格失真和汇率浮动所带来的押品减值。一方面，天虹金融会通过对押品相关品类在圈内的定位进行深度分析，考虑到押品竞争力因素，对押品确定相对较为稳妥的折率，在短期出现风险的可能性不大；另一方面，因为母公司在零售圈深耕细作，当押品出现贬值情况，能从母公司第一时间反馈过来，从而有更充分的时间去补充押品或收回贷款。

零售仓单融资属于仓单融资的细分领域，该领域由于有快速周转需求，押品处置能力要求，对普通的金融机构形成了天然屏障，普通的金融机构要么无法响应零售出质企业的快速周转需求，要么缺失对押品的处置能力。天虹金融依托于母公司天虹商场在零售生态圈的影响力，恰好具备这两项核心能力。目前天虹金融已有实际操作案例，接下来需要投入更多的资源去完善整个操作系统，不断优化 PDCA 循环，最终形成自身产品的核心竞争力，解决中小供应商（中小企业）零售仓单融资的大难题。

资料来源：中国物流与采购联合会物流与供应链金融分会．中国物流与供应链金融发展报告［R］. 2018.

思考题

1. 什么是仓单质押？相比传统的仓单质押，零售仓单质押融资有哪些特别之处？
2. 零售仓单质押的风险点包括哪些方面？

第3章　商业银行供应链金融的发展

最初的供应链金融业务模式，是由起主导作用的商业银行为供应链上的核心企业提供融资服务，再由核心企业为链上的上下游企业提供信用担保而使它们获得银行融资服务，所有的交易过程都在线下完成。在经过了初期从线下到线上的转换之后，随着政策环境的不断优化、金融科技运用的逐渐成熟，通过跨界融合与协同发展，目前供应链金融已经进入了构建平台化、智慧化金融生态圈的创新发展阶段。无论是资金实力还是技术、信息、管理规范等方面，商业银行都具有得天独厚的优势。商业银行对于推动供应链金融在增强银企合作、发挥长尾效应、增加金融普惠、解决中小企业融资难融资贵问题等方面发挥着重要的作用。

3.1　概　　述

与传统的保理和货押业务相比，供应链金融是核心企业与银行之间达成的一种面向供应链上下游企业的系统性融资安排，即银行将供应链上的所有企业作为一个整体，按照交易中构成的链条关系以及所处行业特性重新设计融资模式，从而为各成员企业提供更加灵活的融资服务的一种信贷创新解决方案。这不仅突破了单笔贸易融资的局限，也缓解了上下游中小企业的融资困难。因此，供应链金融一经推出，就吸引了许多银行的介入。深圳发展银行、招商银行最早开始这方面的尝试，随后国内多家商业银行开始效仿开展“供应链融资”“贸易融资”“物流融资”等名异实同的类似服务。特别是随着金融科技的发展和广泛应用，供应链金融得到了迅速发展，商业银行在其中的角色和功能也发生了变化。

3.1.1 商业银行传统的“点对线”融资模式

在供应链金融 1.0 即“$N+1+N$”阶段，商业银行通过对核心企业“1”的信任，向供应链上的 N 个上游供应商和 N 个下游企业客户提供综合性金融服务解决方案，主要模式如图 3－1 所示。

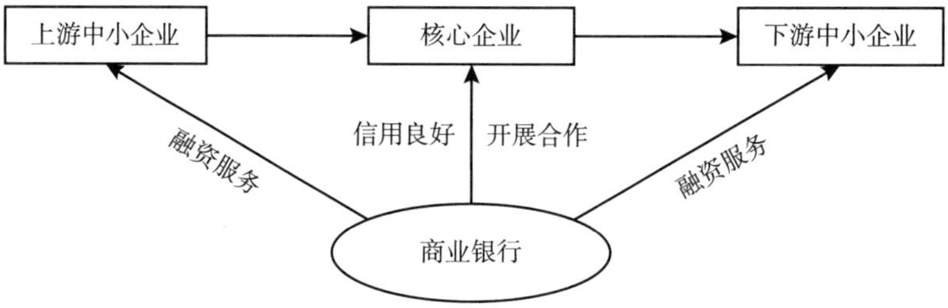

图 3－1 商业银行“点对线”的融资模式

在此阶段，商业银行的角色是资金的融通者，与传统的信贷业务相比，核心的变化在于银行的授信对象和范围由原来单一的商业银行对核心企业的服务变成了商业银行对核心企业及其上下游企业的服务。但银行并没有参与到整个供应链运营的全过程中，只是利用核心企业的信用外溢，以真实的贸易背景为支撑，为过去不具备信贷资格的中小企业提供金融服务。由于并未主动、全面了解整个链条的运行和各企业真实的发展状况，这不仅决定了商业银行不能系统地开展供应链金融服务，同时也会给银行带来一定的风险。

3.1.2 商业银行在线供应链金融模式

在供应链金融 2.0 阶段，商业银行从线下到线上，初步实现了物流、商流、资金流、信息流的“四流合一”目标，对供应链运行的各个环节的信息进行了全方位的掌控与监管，商业银行的角色也由单纯的资金融通者演变成了供应链运作的链条监管者。商业银行在线供应链金融模式如图 3－2 所示。

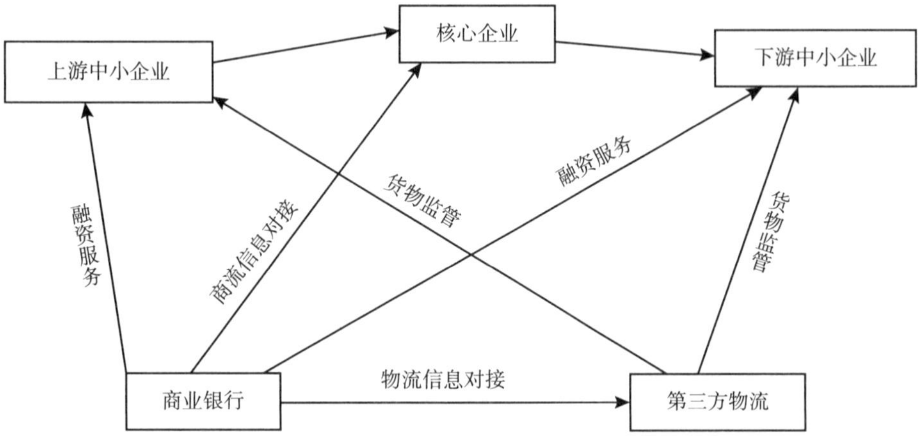

图 3－2　商业银行在线供应链金融模式

与供应链金融 1.0 阶段相比，商业银行突破了其仅仅作为资金融通者的局限，在与核心企业合作的同时，又开展了与物流企业的合作，通过交易数据线上化的方式，基本掌握了供应链上的商流信息和物流信息，由此实现了对所有参与供应链的上下游企业的订单、生产、销售、付款、仓储等经营信息的全面掌握。商业银行不仅发挥了资金中心的作用，而且发挥了信息中心的作用，通过“资金＋信息”的双重优势对供应链各环节进行融资和监控。尽管如此，供应链金融 2.0 阶段在运行过程中仍然存在一些问题。一是与银行的信息系统对接，要求企业必须拥有完善的管理信息系统，然而大多数中小企业还不具备这一条件；二是商业银行只是掌握了与核心企业有实质贸易往来的上下游企业的信息，并且核心企业、物流企业和商业银行的信息数据是相互独立的，没有形成综合的信息服务平台，那么在数据共享方面，核心企业和物流企业就可能有所保留，导致商业银行所掌握的信息仍然是片面的，从而不能对整个供应链的风险作出精准的预测和防范。

相比之下，部分实力雄厚的核心企业、物流企业或电商在掌握了供应链信息后也会开展供应链金融业务，而且这些公司往往比银行更加了解其上下游企业的情况。例如京东、苏宁等小贷平台提供的供应链金融服务，以较低的融资门槛分流了银行的信贷业务。

3.1.3　商业银行智能化供应链金融的发展

随着金融科技的进步，特别是随着大数据、云计算和区块链技术在商业银行中的广泛应用，目前我国的供应链金融已发展到平台化 3.0 阶段到智慧化 4.0 阶段。在此阶段，由于供应链金融的发展催生出了多种不同类型的参与主体，其范围由以往供应链中的上下游中小企业拓展到为供应链上核心企业、上下游的中小企业提供服务连接的第三方企业或机构，包括供应链管理企业、金融服务公司、第三方 B2B 平台、金融科技运营平台等。这些参与主体的出现极大丰富了供应链金融形式，形成了一种新的金融生态。在这个发展过程中，伴随着互联网技术的不断渗透，第三方平台介入的深度、广度增加，商业银行的资金优势和信息优势面临着来自其他参与主体的竞争。

金融科技和平台效应，已经成为银行业不可忽视的话题。领先银行可以通过收购、投资、战略合作等多种形式积极布局和借力金融科技创新，与各金融科技公司形成战略合作，共建“金融+科技”的生态。比如工商银行与京东金融、农业银行与百度金融、中国银行与腾讯金融、建设银行与蚂蚁金服、交通银行与苏宁金融等的合作，五大国有银行全部完成与科技金融巨头的战略合作。大型商业银行纷纷拥抱大型互联网公司，双方合作层次不断提升，合作内容日趋丰富。从竞争到合作，从产品到生态，银行业巨无霸和互联网平台牵手，共同打造金融科技生态。

例如，工商银行 2017 年正式组建成立交易银行中心，打造以服务大中型企业为核心、惠及上下游中小企业的产业供应链平台——“工银聚”，以“产业电商+网络金融+大数据”的方式，为企业提供全供应链、全产品、全在线和“一站式”的服务。工商银行还与中粮、中车、宝武、中电建、国家电网、北京全国棉花交易市场六家企业在北京签订合作框架协议，正式组建重点企业供应链金融联盟。该联盟建立后，成员单位将充分发挥各自优势，整合客户、市场、渠道、数据和技术等方面的资源，为供应链上下游的小微企业发展注入新的活力。同时，联盟还将积极探索大数据、物联网、区块链等金融科技的创新应用，推动产业链金融智能化转型升级。

商业银行纷纷将金融科技上升到战略高度，定位为经营模式转型和服务升级的重要利器。随着大数据、云计算、区块链、人工智能和物联网等一系列信息技术的成熟、普及和全渗透、全覆盖，商业银行充分发挥客户、资金、牌照、数据等优势，并借助金融科技前沿技术优势，二者的融合有利于拓展商业银行服务半径、提高服务效率，并呈现出数字化、网络化、智能化、生态化趋势。①

---

① 董兴荣．金融科技赋能，商业银行的数字化、智能化和生态化｜商业银行+金融科技系列主题②［J］．财资中国｜财富风尚，2018（2）．

3.2　商业银行开展供应链金融的优势与劣势

3.2.1　商业银行开展供应链金融的优势

商业银行开展供应链金融主要具有以下几个方面的优势。

（1）客户资源优势。银行拥有充足的客户基础，掌握企业客户相对全面、真实的基础信息。我国商业银行尤其是国有商业银行这种大型金融企业，积累了很多战略性合作伙伴，而且合作层次不只是业务经营层面，更多的是深入的战略层面上的合作。比如，工商银行对许多大型企业的合作，已经延伸到对其整个产业链的支持，包括对其供应商销售渠道的支持，银企双方已经达成多切入点、多层面的深入合作关系。

（2）资金成本优势。商业银行具有稳定、低成本、大规模获取资金的能力，在资金成本方面具备天然优势。尤其是大型银行的资金规模相对比较充裕，融资定价相对来讲也有优势。只要是战略性客户，基本上都能保证整个供应链的资金需求。大银行即使资金再紧张，资金的供给能力仍是明显的资源优势。

（3）业务优势。随着供应链金融的发展，越来越多的企业需要的是能够囊括融资、结算、现金管理、理财管理和信息咨询等在内的一揽子综合金融服务。商业银行在这方面显然具有天然优势。

（4）风控管理优势。银行专门从事信用风险管理，具备丰富的金融服务产品体系与人才储备，拥有成熟的风险管理与信用评级机制，比其他任何企业都具有控制金融风险、稳定供应链正常运行的能力。商业银行作为金融机构，受中国人民银行、银保监会的监管，有较为成熟健全的法律法规来规范其提供的金融服务业务，服务主体和借款企业的权益都能得到较好保护。

3.2.2　商业银行开展供应链金融的劣势

商业银行开展供应链金融主要具有以下几个方面的劣势。

（1）由于没有直接参与供应链上企业的运作过程，银行对于供应链本身没有实际掌控力。一方面，由于缺乏深入理解实体行业供应链痛点的人才，产品创设理念容易

“本位主义”，可能因对其所属产业的经营情况不熟悉而产生决策上的失误；另一方面，对底层资产的管控力很弱，无法保证货物的真实性，一旦出现核心企业及其上下游企业勾结，特别是核心企业及其上下游企业是股权关系，或者法律从属关系，对底层资产的风险银行很难穿透监管。比如供应链中的共享信息都是由各节点企业的内部信息系统提取或集成的，出于利益等方面的原因，各节点企业可能会隐藏一些风险性信息和涉及商业秘密的信息，或是伪造数据等方式骗取银行融资，产生道德风险。

（2）商业银行面对日趋严苛的监管要求，风险偏好低。基于风控要求，通常希望产品标准化更强，产品结构趋同缺乏创新。自深圳发展银行在银行业率先提出“供应链金融”品牌后，国内各家银行也相继进行了实践不断演绎发展，并积极向线上化推进，但整体来看，各家银行产品范围、服务内容等方面已趋同，在产品设计理念上并没有绝对的领先优势，缺乏创新和特点，区别仅在于是否能满足供应链金融“短、频、快”的业务要求，实现全流程风险实施控制。同时相对于大型商业银行，中小商业银行的供应链金融产品结构单一，产品系统不够成熟，尚不能很好地满足供应链上数量众多的中小企业灵活多样的需求。

（3）信息化管理程度偏低。国际上开展供应链金融的先进银行已经实现信用证贸易下的银行及买方单证统一处理、企业之间通过电子信息化平台实现全球范围内的数据共享、信息查询、报告定制等服务，最大限度满足了银企双方合作的自动化和便捷化，为银行创新更多的供应链金融产品提供了机会。反观国内，大部分银行金融信息技术与国外存在很大差距，还不能真正实现数据信息共享以及物流和资金流的有效对接，在单证、文件传输、交易确认等环节的大量手工操作，这不仅增加了融资成本，大大降低了供应链金融的运作效率，也增加了银行操作风险隐患。

3.3 商业银行供应链金融的创新

3.3.1 商业银行的金融产品创新

供应链金融进入3.0阶段后，不仅实现了业务的电子化运作，银行和企业的有序性以及彼此间的协调性得到了明显改善和提高，因此，供应链金融业务的创新应首先以产品创新为主，通过深度挖掘客户需求的变化，设计个性化、专业化在线供应链金融解决方案，提升服务质量和服务效率，才能提升客户的忠实度，提高业务的市场竞争力。

1. 拓展国际市场

严峻的经济形势变化使银行之间国际业务的竞争关系日益显露出来。国际化大商业银行是中国商业银行的发展目标。创新对于国内商业银行的国际业务具有巨大的影响力。为提高我国在国际业务中的竞争实力，必须深入研究国际形势，分析自身不足，提高自身的业务水平和业务能力，加强自身对国际业务的创新性研究。

2. 扩大客户群体

长期以来，商业银行的经营遵循“二八定律”，对中小企业构成的长尾市场服务不足。随着监管机构的要求和自身利益的考虑，国内商业银行在构建中小企业金融服务机制方面已经取得了一定效果，在品牌建设、产品服务等方面初步形成了一定的市场规模，对于中小企业金融服务起到了一定的发展和促进作用。但与此同时，由于我国商业银行在中小企业金融服务创新机制研究方面尚处于起步阶段，在对中小企业经营特点的掌握、融资风险的把控、产品定位的准确性等方面还有较大的差距与不足。商业银行应通过各种创新，扩大客户群体，吸引更多的中小企业。在互联网金融快速发展的背景下，长尾市场有望成为金融市场的“蓝海”。

3. 挖掘客户需求

客户在供应链金融框架下的金融需求丰富多样，包括信贷、账户、结算、现金管理、资产管理、证券化等，跨越传统商业银行业务、交易银行业务、投资银行业务。传统商业银行业务发展路径是按照公司业务、零售业务、金融市场业务、资管业务等切割，按照信贷产品、现金管理产品、理财产品、证券化产品等划分，每个部门在自己的领域做自己的事情。但是供应链金融客观上要求把不同客户、不同产品打通，推动银行内部条线化和部门制的结构进行协同乃至重构，在此基础上，深度挖掘客户的特定需求，提供量身定做的金融产品，包括开展基础金融产品创新、衍生金融产品创新、组合金融产品创新。

基础金融产品创新分为三类：资产类产品创新、负债类产品创新和中间业务创新；衍生金融产品创新是依靠某种资产作为基础来表现其自身价值而派生出来的产品创新；组合金融产品创新包括具有各大类金融产品的混合特征的组合金融产品，是多种金融产品的复合体，具有多种金融产品的性质和特点。商业银行金融产品创新类型具体见表3-1。

表 3-1　　商业银行金融产品创新类型

层次	内容体系
基础金融产品	存款、贷款、票据、投资、结算、担保、代理、咨询、信托、租赁、保险
衍生金融产品	利率期货（期权、掉期、互换等）、票据发行便利、金融期货交易、期权交易、货币利率互换、备用贷款承诺或循环贷款等
组合金融产品	银证、银保、银证保业务资产证券化；银证保产品组合创新；各类金融产品之间、金融产品与非金融产品打包或一体化组合创新

衍生金融产品创新依赖于金融市场的发展，而银证保等组合金融产品创新则依赖于混业经营的金融市场环境和政策环境。从客户需求看，随着金融业特别是资本市场的发展，客户对简单业务的需求将趋缓，甚至可能呈下降趋势，但是高质量、高价值的金融服务将供不应求。在产品创新一体化方面，客户对分散化基础化的功能要求在降低，而对个性化、高层化的产品创新的要求在提升，逐步向组合产品创新的方面发展。在产品创新和类附加值层面上，高附加值的衍生产品创新和组合产品创新具有更大的客户需求。

3.3.2 商业银行供应链金融的创新类型

根据产业数据与不同业务整合的程度不同，可以将商业银行主导的供应链金融区分为信息供应链金融、跨境供应链金融和整合供应链金融。

1. 信息供应链金融

供应链金融实际上是一个系统化概念，是银行面向供应链环节所有成员企业的一种系统性授信融资。这种建立在真实贸易背景下资金封闭式运作的授信模式，降低了银行的信用风险，为银行带来大量存贷款和中间业务收入。由于传统供应链金融的运营管理方式在互联网时代有着诸多局限，曾发生不少融资骗局。随着网络技术以及大数据应用的逐渐成熟，银行拥有越来越多的信息获取渠道，降低了银行的风险，提高了资金的利用效率。信息供应链金融的作用主要体现在以下几个方面。

（1）加快了供应链核心企业及上下游企业的资金周转率。由于资金利用效率得到提升，资金将以最快的速度投到所需之处或者能够创造更多价值的项目。传统供应链金融一般只授信核心企业所需资金额度，只签署一份总合同，因此就需要供应链核心企业与银行以及上下游企业，供应链上下游企业与银行、仓储企业、担保公司、监管机构之间进行紧密合作沟通。在信息技术的发展下，供应链金融的手续日益简便，大大降低了企业融资成本，进一步提高了企业资金周转率，减少了经营成本。

（2）提升了供应链核心企业的经营管理效率。信息供应链金融不仅实现了金融服务在线化、金融营销互联网化、授信流程标准化及风险管理自动化，更重要的是，为银行、供应链核心企业及其上下游企业建立一个开放的、交互的、信息共享的平台，从而推动供应链运转效率的极大提升。首先，信息供应链金融解决了银企双方软件系统升级、更新速度不同步问题，通常银行系统升级慢、企业升级快，利用信息供应链金融平台可获得双向连接，双向匹配；其次，信息供应链金融通过打破商业银行传统金融产品生硬组合的模式，实现按需将金融服务渗透企业商务活动的各个环节，既提高了服务水平，又缩短了服务时间。

（3）解决了银企之间固有的信息不对称问题。传统供应链金融模式下，银行主要查看供应链核心企业及上下游企业递交的财务报表，这些财务报表数据都是过去的静态数据。而信息供应链金融打破了供应链金融线下通常由银行主导、直接面对单个企业提供相关金融服务，与核心企业及其上下游企业存在各不相干、各自为政的弊端。动态数据的有效收集，使授信银行能实时掌握供应链内企业的经营情况，大大提高了决策的灵敏性。同时打破了原有的地域限制，能更好地为供应链核心企业上下游提供融资服务。传统供应链金融因为业务归属区域的管理，通常只能与当地分支行进行合作，而信息供应链金融利用线上渠道，可以为供应链内不同区域的上下游企业进行融资。

2. 跨境供应链金融

长期以来，我国商业银行开展了很多国内贸易融资业务，而大量的国际贸易融资需求却未能满足。商业银行在对进出口企业融资时，比较关注进出口交易过程中银行的参与和货币支付，通常只做整个融资链条中的境内部分和中间交易部分，境外的基本上无法接触，也融合不进去，由此也不能提供相应金融产品。面对跨国公司的大批国内供应商和分销商，我国商业银行也没有从系统的视角提出有效的解决方案，错失了大量的业务机会。

当我国企业积极参与国际合作，更需要商业银行为企业“走出去”提供跨境的金融支持时，在无法获得境外当地金融支持的背景下，国内商业银行的金融支持显得尤为重要。在这种形势下，一些商业银行已经推出跨境供应链金融，越来越多的商业银行正在将国内、国际与离岸三大贸易领域并重，成立贸易融资部，取代以往的国际结算部，将国际结算、国际贸易融资等业务以及国内贸易融资整合到贸易融资部中，进行流程再造，将境内外机构对接，为外贸企业提供服务支持。

商业银行推出的跨境供应链金融服务，其做法是将境内外核心企业及其上下游企业视为一个整体，针对不同供应链环节的企业自身特点，应用不同的贸易融资产品和结算产品进行有机组合，对供应链上单一企业或多个企业提供综合金融服务解决方案。如图 3－3 所示为商业银行提供跨境供应链金融服务框架。

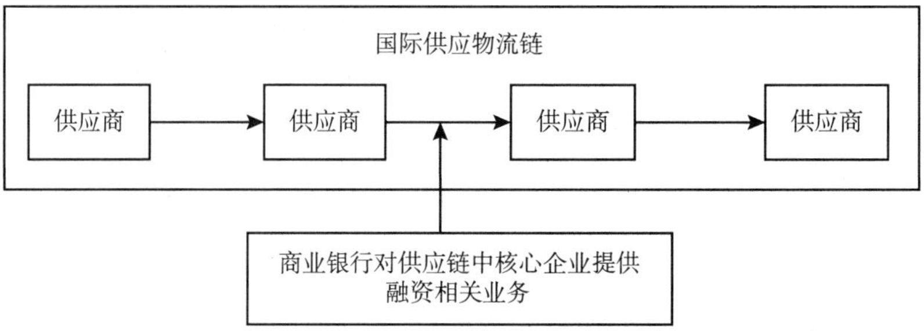

图 3－3　商业银行提供跨境供应链金融服务框架

近几年，我国商业银行的跨境供应链融资有一定的发展。如平安银行、浦发银行和招商银行等都开展了跨境供应链融资服务。以浦发银行为例，跨境供应链金融产品包括以下内容：银行承兑汇票、票据贴现、商票保贴、汇票协议付息、动产质押、保函、国内国际信用证、国内国际保理、信用证议付押汇打包、福费廷等国内、国际贸易融资组合产品，此外也可以提供贸易代理商融资服务。招商银行也提供类似的金融支持和产品服务，其进口供应链金融服务类型包括进口开证、进口代收押汇、进口押汇、货物质押、进口保理、对外担保等，出口供应链金融服务类型包括订单融资、出口押汇、货物质押、出口保理、托收押汇、福费廷、信保融资、对外担保、出口买方信贷等，此外还可以通过为国内外核心企业核定进口保理额度，将核心企业的信用注入上游供应商，进而为供应链上下游企业群提供资金融通便利。

由于网点建设缺乏整体布局，境外与国内的金融服务市场尚未实现完全接轨，我国商业银行提供跨境供应链融资还处于发展初期，提供的融资产品和服务还主要是针对单一企业的贸易融资和应收账款融资，推出的供应链融资产品和服务种类较为单一，无法提供全方位的针对供应商和经销商、融资和中间服务并重的供应链金融产品及服务，与汇丰、花旗等老牌跨国银行相比还存在明显差距。

因此，商业银行应从以下几个方面入手，开拓跨境供应链金融业务。

（1）多种手段控制银行风险。银行控制风险的传统方式主要依据财务报表和包括信用证、提单、贸易合同和发票等在内的货权。银行利用其信用评估和风险控制方法，建立对客户的信贷动态分级制度，对客户进行全方位信用管理。由于跨境业务风险加大，商业银行因此需要在适度范围内调低质押率。同时可以要求具有较高资信的国际性银行或大型公司提供反向担保，并合理运用各种保险业务。

（2）搭建技术平台。在商业银行跨境供应链金融业务的发展过程中，技术平台的建立是很重要的。国际银行开展供应链金融业务时就用到了先进的网络技术，如荷兰银行的 MaxTrad 技术，这套系统通过提供 24 小时的在线服务，可以将涉及多家银行及买方的信用证贸易单证统一处理，客户可以通过系统平台实现供应链与网上银行之间的连接，在全球各地获取实时信息，并具备发送交易指令、在线读取、查询交易、定制报告等功能，大幅实现了交易的程式化和自动化，从而大大节省了银行和客户双方的成本。

（3）实现信息共享。信息共享是商业银行开展供应链融资业务的基础，可解决供应链融资过程中的信息不对称问题。商业银行在提供跨境供应链金融业务时应动态掌握相关信息，通过信息的动态把握做到提前预警，相比财务报表上的数据信息，可以更超前地了解相关动态，从而有助于判断该公司将来发展可能会遭遇的问题，这对银行严守风险底线来说非常重要。

以浦发银行的供应链金融平台为例，供应方、买方、中间商，甚至一些第三方服务机构如保险、物流的信息等会加载到该平台上，这些信息的及时获取有助于浦发银行了解货物的实际流通状况，实现对货物的有效监控。这个链条还与沃尔玛、家乐福等大超市建立连接，以便浦发银行及时掌握每天的货物销售状况及库存的变化情况。通过物流信息的无缝连接、交换和共享，商业银行能准确地掌握供应链上企业在各个业务环节上的信息，及时跟踪物流信息，有效减少供应链融资过程中的信息不对称，从而规避融资风险并提高融资效率。

3. 整合供应链金融

商业银行主导的整合供应链金融是前两者业务模式的立体呈现，既能在横向上开展跨境供应链金融业务，又能在纵向上开展信息供应链金融业务。通常情况下，这种整合供应链金融是在跨境供应链金融的基础上，进一步打破上下游交易的数据瓶颈而实现。参与者不仅包括银行和企业，还包括物流企业、海关等。银行在整合物流、资金流、信息流、商流的基础上，达到对整个贸易过程的监控，帮助企业更好地整合资源，同时规避自身的风险。整合供应链金融中的商业银行突破了传统的供应链金融模式，已经从贸易活动中单纯的资金提供者变成了同时充当流动性提供方、平台提供方以及风险管理方的角色，这就要求商业银行必须拥有更强的信息整合能力、业务整合能力、数据综合分析能力以及国际化能力，这是目前国际性大银行的发展方向，也是我国商业银行需要借鉴和参考的地方。

精选案例

案例 3－1　中信银行与海尔集团的战略合作

地处三峡库区的云阳县，距离重庆主城区 300 千米，杨锦行（化名）在这里经营海尔电器经销生意已经十几年了，他的飞翔商贸有限公司（化名）（以下简称飞翔商贸）是海尔遍布全国的近万家授权经销商中很普通的一个。近几年来，海尔产品的持续销售成就了老杨的生意，但快速增长的订单量却让资金并不充裕的他有些力不从心，有时候只能看着生意白白流失而无可奈何。不过，在飞翔商贸自从成为中信银行"海尔在线融资"模式下第一家成功融资的经销商后，这些烦恼就结束了。

"以前从来没想过自己的小本生意真能从银行拿到贷款，而且没有固定资产抵押，财神爷还是远隔千里、素未谋面的中信银行青岛分行。更没想到的是，整个贷款过程中，我不用跑银行，没花一分钱路费，一切就都在网上搞定了。"老杨兴奋地说。在当地人的传统观念里，贷款是跟民营小企业不沾边的事，"一直觉得即便是'土豪'想贷款还得看银行的脸色，没想到我们这西部山区却抢先尝到了互联网金融的鲜。最关键的是，贷款利率仅为 8%。与以往的民间借贷相比，光贷款利息一年就能给我省下二三十万元!"

在中信银行和海尔集团共同搭建的"电子商务线上供应链金融平台"上的近万家海尔经销商，很快都将有机会和老杨一样，享受到快捷、便利的互联网融资体验。然而在银行圈以往的印象里，中信银行并不是一家为追求高收益而不惜承担高风险的"激进型"银行，那么像飞翔商贸这样的小微企业是怎么进入中信"法眼"的呢？这还得从 2014 年的一则新闻说起。

1. 共建"供应链网络金融"平台

2014 年 4 月 8 日，中信银行与海尔集团在青岛签署供应链网络金融战略合作协议，希望整合双方各自平台的资源，搭建线上线下相融合的供应链网络融资平台，打造银行和制造业在供应链金融领域合作的新模式，为海尔经销商提供方便、快捷、灵活的线上金融服务。签约仪式上，中信集团兼中信银行董事长常振明和海尔集团 CEO 张瑞敏均有出席，可见双方对此次合作的重视程度。

两个行业、两类企业、两种思维的融合并非易事，可以预见，讨论、磨合、碰撞甚至争吵必然不可避免，但最终战略利益消弭了文化差异，在不到4个月的时间内项目顺利上线，令人印象深刻。

“模式新颖、思路独特、高执行力，中信银行开始展现金融企业的互联网思维，这可能是研究商业银行应对互联网获客模式冲击的典型样本。除此之外，我们更应该看到的是电子商务时代中信银行的战略和差异化的市场定位。”某股份制银行网络金融部门负责人说：“互联网思维最大的特点是去中心化，但中信银行网络战略则是围绕中心而展开的。围绕中心，则需要行业核心企业构建贯穿上下游渠道的电子商务生态环境。我们可以进一步推论，对不具备条件的核心企业，中信银行势必将提供一整套的解决方案。”

与中信银行所在的金融行业一样，海尔集团所在的家电行业同样面临来自互联网的强烈冲击。在成立的第三个10年，张瑞敏致力于通过互联网带动海尔集团的转型，搭建了“日日顺电子商务平台”，拟将海尔打造成虚实网融合的平台型企业。基于海尔经销商依托日日顺电子商务平台定向采购的特点，中信银行建立了相对完善的风险管理模型，可提供支付结算、实时在线融资、在线物流管理、自动预警等多种线上化服务。

2. 用户体验与风险管理都重要

互联网企业视用户体验为生命，极致的用户体验是所有互联网企业的共同追求，再微小的创新都可能成为影响竞争力的关键因素。以融资申请为例，同行业的普遍做法是要求客户在网上银行完成，但为了提升客户体验，中信银行放弃了所谓的“产品联动营销”做法，通过网关形式将“多系统跳转、多步操作”简化为“一个界面、一步操作”，大大提升了用户体验。但是，作为金融企业“触网”的先行者，在低成本、高效率、易用性、友好度等良好用户体验之外，中信银行在其他方面准备好了吗？

人们最为关注的当然是风险管理。“海尔模式”的授信对象大多为小微企业，贷款需求额度普遍在500万元以下，是传统意义上的高风险客户群体。而且，这些客户普遍缺乏抵押和担保物，日常的融资需求主要依靠民间借贷，经营风险较高。与此同时，依托物流管理的货权融资模式几近走入困境：货物所有权难以准确核实、重复质押、物流监管人员道德风险难以控制的问题屡屡暴露。

此次中信银行与海尔的合作似乎为小微企业融资提供了新的样本，中信银行公司银行部项目负责人胸有成竹地说：“海尔提供的经营数据与企业财务数据相结合，构建了更为全面的信用评价模型，一定程度上缓解了信用风险；全自动的在线操作与风险预警，最大限度地控制了操作风险；消费品行业价格的稳定性，则基本能够规避货物价格波动所带来的市场风险。银行在可控的风险下批量获取了客户、海尔经销商在较低的成本下获得了融资，海尔集团则支持了销售渠道，一举多得。”

3. 中信持续推广“海尔模式”

核心企业关系和供应链金融是中信银行的传统优势，网络金融则是其新兴优势，围绕核心企业中心节点，连接网络金融与供应链金融或将成为中信银行转型发展的战略步骤。此外，这也是中信银行在支持小微企业融资方面积极探索、不断创新的举措。这种做法既能够提高银行的定价能力，又可以获得监管层认可，从而保证了业务创新成功的可能性。

更为重要的是，“海尔模式”的关键是后台信息系统的支撑，可复制性很强。从项目实施进度来看，中信银行应该已经具备了在类似核心企业中复制推广“海尔模式”的条件，业务前景值得市场期待，未来将会有越来越多的小微企业从中受益。

“这些年来当地人的生活水平显著提高，海尔电器的销路也越来越好，赶上年节旺季，脱销是常有的事。”老杨说，“眼看中秋、国庆将至，今年再也不用为缺乏流动资金发愁了，借助中信银行的融资，我已经储备了充足的货源。”

4. 现场回放

2014 年双方签署战略合作协议，双方约定将海尔集团旗下日日顺平台现有的销售网、物流网、信息网与中信银行的供应链网络金融业务紧密结合，搭建线上线下相融合的供应链网络平台，为日日顺平台上下游中小企业提供便捷融资和支付服务，并通过严密的管理流程、借助大数据的分析技术有效控制风险。

在签约仪式上，中信集团兼中信银行董事长常振明表示，在互联网新经济的浪潮下，两家传统企业不谋而合地确立了“网络化发展战略”。随着本次协议的签署，双方将以供应链网络金融为依托，基于大数据技术，以一种全新的模式和流程，在支付结算、贸易融资等领域开展全面深入的合作，借助虚拟经济助推实体经济蓬勃发展，通过为中小企业提供便捷的融资服务，助其提升经营能力，健康成长。双方的合作体现了优势互补、强强联合、共同转型的战略意愿。

作为银行业进军互联网金融的先行者，2013 年以来，中信银行在“再造一个网上中信银行”的战略目标指引下，积极推进金融业务网络化，加快创新网络金融特色产品，取得显著成效。在网络融资领域，中信银行首创业内“全流程不落地”网络信用贷款模式，依托于大数据分析技术，为客户提供 7×24 小时方便、快捷的服务。在网络支付领域，中信银行推出了异度支付品牌。“异度支付”APP 集金融特色应用与增值服务于一体，定位于开放式公众平台，是一款真正互联网思维下的跨界产品。海尔集团选择中信银行正是看好中信网络金融的优势。

海尔集团连续 5 年蝉联全球大型家电品牌第一名，拥有巨大的市场及品牌影响力，其在客户黏性、市场扩展、用户体验上均有极大的发展潜力；并致力通过互联网进行企业转型，搭建了家电行业的销售网、物流网和信息网，拟将海尔打造成虚实网融合的平台型企业。与中信银行合作是网络金融战略的高度契合。

中信银行和海尔集团达成战略伙伴关系，开创了银行业与制造业在供应链领域合作的新模式。相信双方依托各自优势资源和互惠共赢的理念，将会结出丰硕的果实。

资料来源：周利国．物流与供应链金融［M］．北京：清华大学出版社，2018.

思考题

1. 中信银行和海尔集团战略伙伴关系的确立对中小企业融资有什么好处？

2. 从中信银行与海尔集团的战略合作关系上，设想中信银行推出供应链金融可能的切入点，并举例说明当前相应金融服务有哪些不足？

案例3-2　平安银行的信息供应链金融

信息技术的升级换代使企业内与企业间的信息交互的即时性、准确性进一步提升。在供应链管理中，上下游企业的一体协作是供应链获得竞争力的关键，供应商管理库存、销售与运营规划系统（Sales and Operations Planning，S&OP）、协助计划、预测和补货系统都以信息技术作为硬件支撑，而企业资源计划系统的引入为供应链上下游的信息交互提供了平台。

随着越来越多的利益相关者介入供应链的日常运营，支持供应链有效运作的信息系统接口也需要进一步放开。例如，将物流外包给第三方物流企业就需要接入第三方物流的运输管理系统（Transportation Management System，TMS）和仓储管理系统（Warehouse Management System，WMS），了解交付的货物是否按照自己的要求进行了配送和仓储。因而，当银行希望进一步获取融资企业的信息时，联通双方信息平台是一种可行的途径。

1. 平安银行简介

平安银行股份有限公司（以下简称平安银行）由原深圳发展银行股份有限公司以吸收合并原平安银行股份有限公司的方式，完成两行整合并更名而来，是中国内地首家向公众发行股票并公开上市的全国性股份制商业银行，总部设在深圳。

根据平安银行的业绩报告，2020年实现营业收入1 535.42亿元，同比增长11.3%；实现减值损失前营业利润1 073.27亿元，同比增长12.0%；实现净利润289.28亿元，同比增长2.6%。截至2020年6月末，平安银行拥有分行92家，各类网点1 078家，基本形成对东北、华北、华东、华南、中部、西南和西北地区的全面覆盖；在香港设有代表处，并与境内外众多国家和地区逾2 000家银行建立了代理行关系。

公司业务方面，平安银行持续构建“创新、效率、IT技术”三大优势竞争壁垒，充分发挥贸易融资业务的传统优势，深化创新导向的营销开发路径，促进业务的健康平稳增长。以科技手段深度融合产业与金融，借助“供应链金融综合服务平台”，推动传统业务的电子化、网络化，改善体验，深耕客户。顺应实体经济电商化发展趋势，通过集团协同、同业联盟、商务联盟、政务联盟等，批量获客，引领公司业务互联网化发展。发挥离岸业务牌照优势，构建新型产品组合，延伸供应链金融末端到境外，为“走出去”企业及全球客户提供结算、融资等环节的一条龙服务。

2. 平安银行的电子供应链金融

平安银行已开始全面启动供应链金融的线上化工程，实现了“三个对接”：一是构建实时联动的产品作业流程管理系统，即银行内部系统和外部系统（第三方物流、B2B平台、海关、国库、外管等）的对接；二是产品流程管理系统与客户系统的对接；三是建立与业务系统关联的产品定价和考核系统的对接。平安银行推出的线上供应链金融已经突破2 000家用户，涉及核心企业100余家。

平安银行的电子供应链金融具有以下五个优势特征。

（1）系统优势。平安银行供应链金融与核心企业及其上下游企业、物流企业等实现系统对接和数据交互，通过数字签名技术进行客户身份认证，客户在线提交电子资料，审批过程直接在线上进行。

（2）软件优势。平安与金蝶、用友等财务软件服务商紧密合作，开发适应供应链中小企业需求的财务管理软件，并实现与企业网银的无缝对接。

（3）业务优势。平安线上供应链金融开创了供应链上下游及终端消费全链条服务模式，包括上游供应商订单融资、下游经销商预付款融资、库存现货融资、终端消费贷款等，提供整套线上化融资方案。

（4）效率优势。平安线上供应链金融同时构筑了适应于多个行业的“$1+N$”供应链客户，满足多方无缝对接、可视界面统一、信息实时共享等条件的电子作业平台，从而使线上供应链金融的运作和企业的生产经营活动相贴合，融资审批时间可缩短为不到一小时，赎货（还款）审批时间最短至几分钟即可办结。

（5）超前的战略优势。电子供应链金融标准商品编码体系可系统识别商品品名以及商品价值等关键要素，从而攻克了各个产业供应链上下游之间，以及供应链与物流、资金流、信息流等服务主体之间，对不同商品识别体系的兼容问题，为供应链“商流—资金流—物流—信息流”的各利益相关方的数据传输与信息共享方面创设了基础条件。

另外，依托该商品标准编码，可以将全国龙头物流公司纳入其编码系统，拉近银行与第三方机构的合作紧密度，从而成为该行业的标准制定者。

除了提供传统的预付款融资、应收账款融资和库存融资产品之外，平安银行还提供了“核心企业协同”与“增值信息”服务，表明平安银行在多数据主体的信息交互上已经有了较好的解决方案。

利用信息方面的优势，平安银行开发出“ERP系统监管融资”业务，即基于对企业ERP系统的监控，实现对企业包括物流、资金流、信息流在内的全部生产经营活动的全面了解，并对重点指标进行检测，以此作为风险控制手段，向企业提供专项融资服务。该业务要求银行能够打通不同产业的数据壁垒，整合不同产业的数据资源，从而降低风险。平安银行的ERP金融的监控流程如图3－4所示。

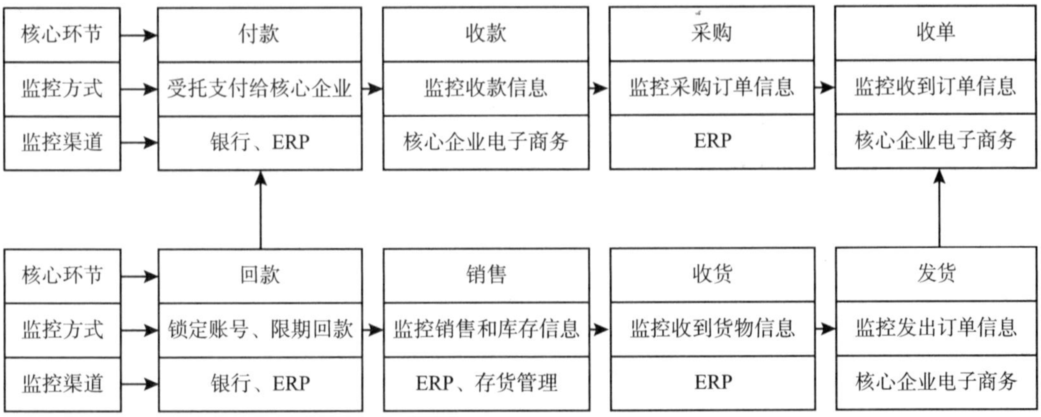

图3－4　平安银行ERP金融的监控流程

该业务实际上活用了平衡计分卡的思想，即单一的财务指标不能完全反映企业的绩效。但一接入企业内部数据库，则可以通过综合多个方面的信息对企业的偿债能力进行评估（Kaplan，Norton，1996）。平衡计分卡提出，可以从财务状况、内部运营流程、客户、学习与成长四个维度综合对企业进行评估。平安银行通过对整个交易环节和企业内部运营流程的全过程监控，弥补了财务状况所不能反映的企业信息。通过与企业信息系统的对接，平安银行具备了为更多中小企业乃至小微企业提供供应链金融服务的条件，因此，平安银行基于信息系统的一系列供应链金融服务是信息供应链金融的典型实践。

资料来源：宋华．供应链金融［M］．2版．北京：中国人民大学出版社，2016.

思考题

1. 平安银行电子供应链金融的创新点是什么？

2. 信息供应链金融能为供应链上的企业带来哪些好处？

案例3－3　花旗银行的跨国供应链金融

企业在进行国际贸易时遇到的最大问题是对对方交易企业以及当地的法律法规等缺乏了解，因此在过去往往需要由交易双方分别寻找本国银行提供服务，让双方银行进行资金结算等一系列业务，双保理的产生也是由于同样的原因。而跨国供应链金融是银行通过自己在他国的分支机构为贸易双方企业提供跨国服务。从这个意义上说，银行已经不仅是流动性提供商，还要为企业提供运营资金的咨询、帮助企业处理单证等服务，从提供显性资源（资金）变为提供包括知识、经验等在内的隐性资源，通过提供跨国供应链金融服务，银行逐步成为贸易企业的金融服务集成商。从事跨国供应链金融不仅要求银行在多国设有分支机构，还必须对多国的贸易流程法律法规有多年的经验和深刻的理解，因此，能够提供跨国供应链金融的多是具有国际化背景的大型商业银行。

1. 花旗银行背景

花旗银行（Citibank）是花旗集团下属的一家零售银行，其前身是1812年6月16日成立的纽约城市银行（City Bank of New York），经过两个世纪的发展、并购，在21世纪初期一度成为全世界最大的银行控股公司。花旗在全球近150个国家及地区设有分支机构，总部位于美国纽约市公园大道399号，它是当今世界资产规模最大、利润最多、全球连锁性最高、业务门类最齐全的金融服务集团之一。它是由花旗公司与旅行者集团于1998年合并而成的，并于同期换牌上市。换牌上市后，花旗集团运用增发新股集资、股市收购、定向股权置换等方式进行大规模股权运作与扩张，并对收购的企业进行花旗式战略输出和全球化业务整合。花旗集团在全球100多个国家约为两亿客户提供服务，包括个人、机构、企业和政府部门。它提供广泛的金融产品服务，包括消费银行服务及信贷、企业、投资银行服务，以及经纪、保险和资产管理等，这是任何其他金融机构所无法比拟的。现汇集在花旗集团下的企业主要有花旗银行、旅行者人寿、养老保险、美邦、Citi-financial、Banamex和Primerica。截至2014年，花旗银行已经成为拥有1.899万亿美元资产的跨国巨头银行。

2. 花旗银行的供应商融资系统

基于对全球市场变化的观察以及客户需求的跟踪，花旗银行发现，传统的客户—供应商关系在萎靡动荡的经济环境下已经不能保障供应链的稳定性，正因为如此，供应链中上游供应商的稳定性成为许多花旗银行客户关注的焦点。一些研究指出，供应链中上下游的深入互动是良好关系绩效的重要前因变量，买方对供应商的决策、活动参与程度越高，双方的关系绩效越好（Vonderembse，Tracey，1999；Takeishi，2001；Tracey，Tan，2001），如图3－5所示。

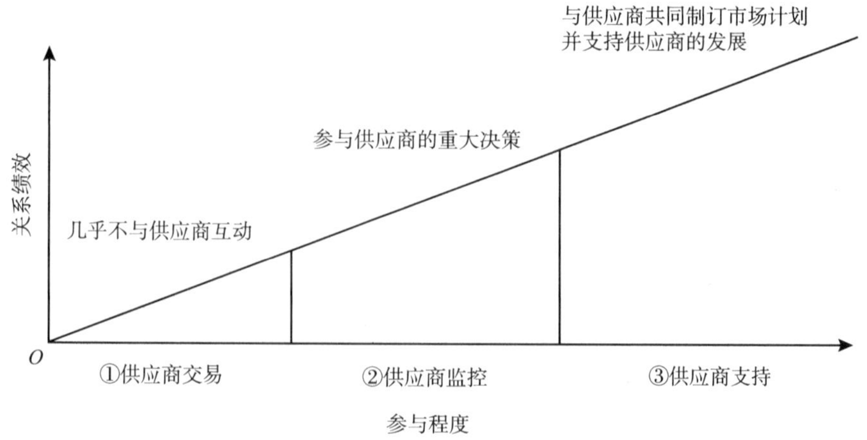

图3－5　买方对供应商的参与程度与双方的关系绩效

花旗银行通过大量调研发现，在所有客户与上游供应商所面对的问题中，最为棘手的是应收账款时间过长，营运资金被大量占用。花旗银行专门成立了“供应商融资系统”，帮助客户解决上游供应商的资金压力，优化客户整体供应链运营能力，提升供应链的柔性。花旗银行供应商融资系统的简化流程如图3－6所示。

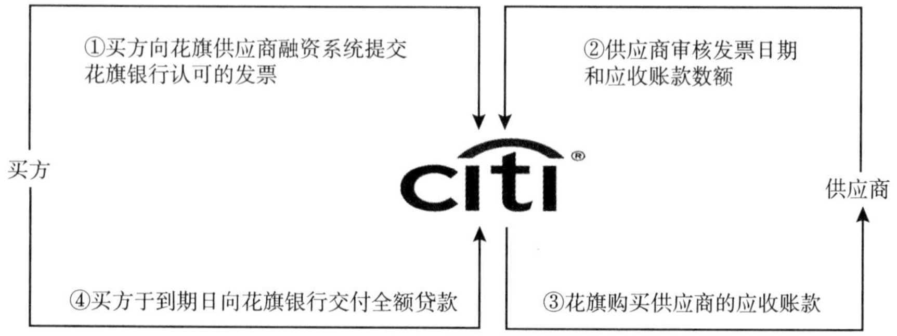

图3－6　花旗银行供应商融资系统的简化流程

与其他银行相比，花旗银行供应商融资系统的优势在于以下三个方面：①花旗银行具备处理复杂应收账款的专业技能和深厚经验。②花旗银行在103个国家设有办事机构，因而能够处理跨国（境）的多种货币业务。对于进行全球采购的企业而言，花旗银行的应收账款服务能为其在多个国家的供应商提供一站式服务，无须与各国本土银行签署烦琐的合约，节约了交易成本，同时享受了规模效益。③花旗银行庞大的网络还能根据客户与供应商之间的交易状况和当地的市场状况为不同供应商定制应收账款池，从而最大限度地提高资金的使用效率。对于供应商而言，相比普通的保理业务，花旗银行的供应商融资系统能够缩短供应商收到发票的时间，而且供应商可以自由选择想要贴现的应收账款。

花旗银行的业务特点在于深刻理解了供应链金融服务中关注整个交易过程的重要性，同时能够通过庞大的全球服务网络提供从出口到进口的一系列整合性的国际业务。黄海宁（2006）指出，贸易融资业务是一种交易性银行业务，银行应该从整个贸易周期——即从买卖双方签订合同开始到买方最后销售货物为止（从起点到终点）——来关注客户的需求，而不是从分立的角度仅为一两个贸易环节提供资金支持或是贸易单证服务。花旗银行实现了从整条供应链的角度，重点关注贸易背景的真实性和贸易合作关系的连续性。

资料来源：宋华．供应链金融［M］．北京：中国人民大学出版社，2015.

思考题

1. 商业银行应从哪些方面入手来开展跨国供应链金融服务？
2. 花旗银行供应商融资系统有哪些特点和优势？

案例 3-4　摩根大通银行的整合创新

1. 摩根大通银行简介

摩根大通（J P Morgan Chase & Co.）是1968年在特拉华法律之下成立的金融控股公司，总部设在美国纽约市，是一家跨国金融服务机构，也是美国最大的银行之一，前身可追溯到1799年的大通曼哈顿。其业务遍及60多个国家，包括投资银行、金融交易处理、投资管理、商业金融服务、个人银行等服务。摩根大通旗下有超过1亿客户，为5 000多万名消费者以及大量的企业、机构和政府提供服务。该公司拥有约2.727万亿美元的资产，是投资银行业务、金融服务、金融事务处理、投资管理、私人银行业务和私募股权投资方面的领导者。

根据摩根大通官方网站提供的信息，摩根大通集团是一系列美国大型银行并购的产物。它的前身包括大通曼哈顿银行、J P摩根、第一银行、贝尔斯登以及华盛顿共同基金。如果追溯得更远，那么摩根大通集团的前身还包括化学银行、第一芝加哥银行、底特律国民银行以及得克萨斯商业银行等。摩根大通非常擅长通过并购和整合提升自身的服务范围，最为典型的就是2000年大通曼哈顿与J P摩根的合并，使原有从事平民化金融的大通曼哈顿获得了运营投资银行业务的能力，而2008年对贝尔斯登和华盛顿互惠银行的收购也大为巩固了摩根大通的投行、零售以及信用卡业务。基于客户对服务一体化需求的认识，摩根大通积极填补产品种类以及地理范围方面的缺口，寻求规模经济和范围经济效应。

2. 摩根大通银行的整合创新

2005年摩根大通斥资1.29亿美元收购了通关、物流软件提供商万域国际贸易咨询（Vastera），并在亚洲组建了一支新的物流团队专门为供应链及代理商销售业务提供金融服务和支持，这一举动被视为摩根大通全面提升其在贸易金融业务中的重要一步。作为世界上最大的现金管理服务商之一，摩根大通银行的资金清算部门在全球的美元清算业务中拥有举足轻重的地位。而现金管理与贸易融资业务是两项相辅相成的银行业务。新成立的J P Morgan Chase Vastera公司为进出口商提供一站式服务，妥善解决了跨境货物运输中日益增加的各种挑战和风险，包括由于不充分的进出口信息和文件传递延迟引起的运输延误，违反国际贸易法规遭受的政府罚款，以及供应链中的缺陷导致的现金流问题等。在为全球供应链中主要的支付交易——包括收付货款、支付运费、支付保险费、支付关税等——提供服务的过程中，摩根大通银行可以自动获得各类金融贸易数据。而利用运输单据制作和管理的自动化优势，Vastera固有的流程和技术，有力地支持了“实体货物”的跨境流动（Hart，2005）。这个跨行业的并购打破了厂商、物流公司、银行通过互不关联的系统及流程分别独自参与供应链中货物或资金流动的局面。通过整合不同的平台实现互补、创造合力，摩根大通银行有望在国际供应链融资领域获得重大突破。根据相关资料显示，除了传统贸易融资中的一系列服务，在O/A项下，摩根大通目前能提供的服务体系还包含出口前融资、出口保险、进出口海关通关报关、应收账款融资、物流咨询、进口后融资等服务项目，如图3－7所示。

（1）出口前融资，包括订单融资和打包贷款等多种形式，为出口商的生产运营提供资金保证。

（2）出口保险，摩根大通为供应商提供出口保险，承保出口商在经营出口业务的过程中因进口商的商业风险或进口国的政治风险而遭受的损失。

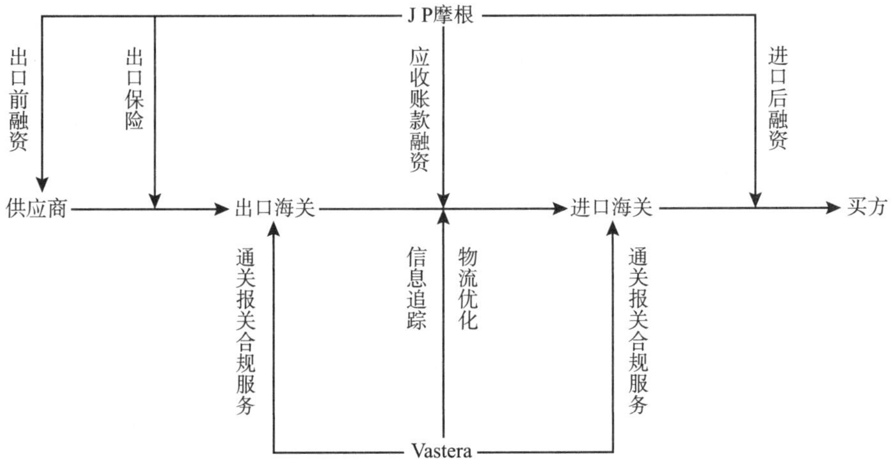

图3－7　摩根大通银行的服务体系

(3) 进出口海关通关、报关，为企业提供符合出口国和进口国法律要求的出口单证及文件。

(4) 应收账款融资，为供应商提供应收账款的管理以及贴现融资。

(5) 贸易信息追踪与物流优化，在追踪贸易流程的同时，依据对国际贸易的多年经验，为出口商提供物流咨询服务。

(6) 进口后融资，为进口商提供付款方面的资金支持。

在中国，除了提供传统贸易融资、结构性贸易融资之外，摩根大通还提供全球供应链管理，帮助买卖双方更有效地进行点对点跨境贸易流程处理、结算，以及对供应商进行融资。同时，摩根大通还提供由Vastera支持的运单审核服务，即优化跨境物流以及与之相关的财务流和信息流。

虽然摩根大通于2012年将Vastera的业务出售给Livingston International（Luit，2012)，但之前由Vastera负责的业务将由Livingston International继续提供，这表明摩根大通依然高度重视掌控贸易全流程的信息以及为客户提供一站式的贸易服务。

资料来源：宋华．供应链金融［M］．北京：中国人民大学出版社，2015.

思考题

1. 摩根大通的供应链金融实现了哪些方面的整合？银行在整合供应链金融中必须具备哪些方面的能力？

2. 摩根大通的供应链金融提供哪些服务？

第4章　生产运营领域核心企业主导的供应链金融

供应链是指从原材料和零部件采购、运输、加工制造、分销直至把产品运到最终消费者手中的连续过程。其中，在链条中居于核心地位，通过某种利益所产生的凝聚力把相关企业吸引在自己周围的主导企业则称为核心企业。核心企业在供应链运作和管理中扮演着重要角色，它对供应链的成员企业之间形成长期稳定的战略合作伙伴关系有着重要的作用和影响。供应链作为一个有机整体，上下游中小企业的融资瓶颈会给核心企业造成供应或销售渠道的不稳定。因而上下游中小企业能否长久稳定地发展，在很大程度上影响着供应链的稳定，影响着核心企业产品的生产和销售以及核心企业战略发展的成败。因此，核心企业为了寻求更好的发展，就必须努力解决上下游中小企业“融资难、融资贵”的问题。通常核心企业凭借自身优势，建立产业供应链金融平台，通过该平台为上下游中小企业提供资金支持，由此形成以核心企业为主导的供应链金融。

无论是在生产运营领域、商贸流通领域还是物流领域，核心企业主导供应链金融的基本特征是共通的：第一，基于自身业务上的活动和资产，嫁接金融机构以服务上游下游；第二，这对核心企业自身能力要求非常高，须具备一定资源能力，能够连接内外部资源。本章的核心企业将主要针对生产运营领域进行分析。物流行业核心企业的供应链金融有其独特性，其发展模式将在第5章讲述。

4.1　概　　述

核心企业主导供应链金融是指核心企业利用其所掌握的上游供应商与下游经销商的信息流、物流、资金流等信息，以及长期的商业活动所掌握的上下游企业经营状况信息，通过下设的商业保理公司、融资租赁公司、小额贷款公司、投融资平台等为上下游企业提供供应链金融相关服务，而商业银行则对核心企业提供资金和其他金融服务。

供应链的核心企业一般都是在供应链产业链生态中规模较大、信誉较好、制度较完善、融资渠道较广泛、财务体系较健全的优质企业。由于核心企业不仅与上下游企业、物流服务提供商、商业银行产生关联，而且整个交易过程、物流过程和资金流过程都是由核心企业设计和组织的，因此也就与供应链其他各参与主体形成了序列依存关系。所以，核心企业在网络中通常具有很好的信息资源，能更好地判断资金需求和可能的风险，为供应链融资决策提供支撑。核心企业通常为重资产行业企业，依托自身对产业链上下游较强的控制力，例如，汽车、重工机械企业等。供应链金融采用“N+1+N”模式，金融机构出于对核心企业资信的认可，向供应链上下游企业提供资金支持，如图4-1所示。

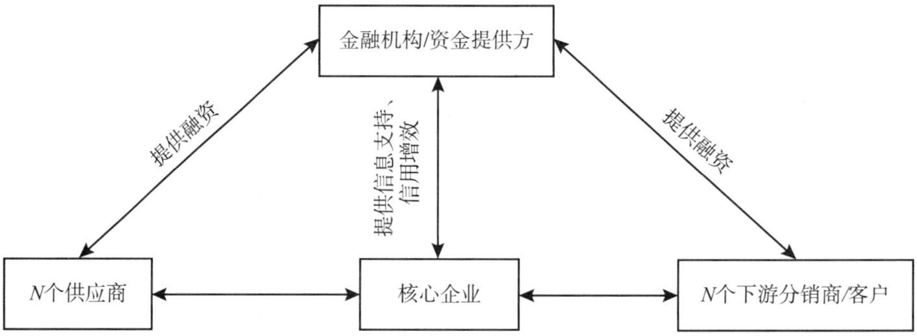

图4-1　核心企业主导的供应链金融模式

供应链金融的核心企业是融资的关键因素。首先，核心企业为上下游企业融资提供风险担保，将自身融资能力转化为上下游中小企业的融资能力。供应链核心企业往往规模较大、资信实力较强，所以能够通过担保、提供出质物或者承诺回购等方式帮助中小企业获得银行融资。其次，核心企业在融资中承担了小企业的违约风险，会加强对融资企业的监督和控制资金的使用，督促业务的进展和贷款的偿还。

4.2　核心企业主导供应链金融的优势与劣势

4.2.1　核心企业主导供应链金融的优势

核心企业主导供应链金融主要具有以下两个方面的优势。

（1）信息优势。一方面，核心企业作为供应链中的信息交换中心、物流中心、结算中心，拥有供应链上下游真实、完整的“三流”数据，对供应链各环节痛点理解深入，可以有效降低信息获取成本，大大降低了信息的不对称性，使核心企业可以很好地掌控和衡量上下游企业的经营状况、资金需求和风险状况，故核心企业主导的供应链金融模式与客户的实际需求更契合、精准度及效率更高；另一方面，为了保证整个供应链条资金流的顺畅，核心企业能有效监督节点企业生产中的各个环节，能够有效地提高节点企业履约能力及意愿，从而减小违约风险。

（2）融资优势。核心企业拥有广泛的金融机构合作体系，金融机构投入资源意愿高，能够比较便利地从金融机构获得低成本融资，并转而为供应链上下游的中小企业提供资金支持。其自身也可以通过自有资金直接为上下游中小企业融资。这些方式可以带来两方面的效益：一是核心企业通过发展供应链金融，拓展了业务空间，有助于提高企业利润；二是核心企业通过供应链金融服务，与上下游企业形成更加紧密的协作关系，打造稳健、牢固的产业生态圈。

4.2.2　核心企业主导供应链金融的劣势

核心企业主导供应链金融主要具有以下几个方面的劣势。

（1）核心企业内部协同困难。每个公司都是一个利益综合体，这些利益错综复杂，既互相促进又互相矛盾。这些矛盾存在股东与员工之间、部门与部门之间、员工与员工之间以及子公司之间。核心企业一般经营规模大，子公司多，并遍布各地。每个子公司都有不同的任务和考核目标。供应链金融会增加子公司的操作成本和风险。目前负责核心企业供应链金融的公司基本都是三级或者四级子公司，让这些子公司直接协同核心企业其他子公司一起做供应链金融有较大难度。很多核心企业的供应链金融企业因为协同不了内部关系，最终去做外部业务。

（2）业务规模拓展有一定的限制。核心企业能够顺利地开展供应链金融，主要是有众多与其进行贸易交易的上下游企业。这些供应链金融业务虽然开展起来相对容易，但是供应链生态基础设施持续的资金投入受核心企业主业经营状况影响较大，业务开展的规模一般都会限制于核心企业与其上下游企业的交易规模上，很难脱离自身所处行业拓展外部业务；同时，核心企业也是产业链中的竞争主体，与同业存在竞争关系，能否吸引到行业内足够多的流量转移到自身平台上也是一个问题。

（3）供应链金融工具单一。目前我国供应链金融主要以债权融资为主，特别是以应收账款融资为主，存货融资为辅。核心企业的供应链金融也如此，主要做上游供应商的应收账款融资，主要原因是基于核心企业的应付账款给供应商融资，相较于其下游分销商的融资容易很多，而且没有信用风险。此外，核心企业对供应商进行融资，一般都是以自己成立的保理公司的名义搭建供应链金融平台。而我国对金融公司一般实行专营管理，比如保理公司只能做保理业务，融资租赁公司只能做融资租赁业务，小贷公司只能做小贷业务等。监管的要求导致了保理公司搭建的供应链金融平台，只能做保理业务，而无法开展存货融资业务、融资租赁业务等其他业务。虽然一些核心企业也成立了保理公司、融资租赁公司、保险经纪公司、基金管理公司等，但是大多数都是由不同部门、不同的人来管理，难以实现协同。

（4）核心企业流动性风险增加。传统金融机构能够与核心企业合作，主要是看中了核心企业的信用。但核心企业与其上下游之间的应付、赊销等关系是基于商业信用建立起来的。但是由于产业链上的企业经营的不稳定性和现金流的不确定性，导致商业信用并不是刚性兑付。不确定付款期限的商业信用转为按时刚性兑付的金融信用，必然会引起核心企业流动性风险的问题。此外，核心企业为其下游分销商融资的时候，不管是对分销商的控货模式还是赊销模式，与其合作的金融机构都会要求核心企业提供担保或者对货物进行回购，对其下游分销商融资提供担保就会增加核心企业的负债，扩大核心企业的信用风险。再加上核心企业缺乏完善的金融业务运营与风险管理机制，因此，在运作供应链金融的过程中会面临较大风险。

4.3 生产运营领域核心企业主导供应链金融的发展类型

生产运营领域的核心企业在提供供应链金融服务的过程中，需要根据其服务化战略来制定不同的方案。服务化战略即以服务为主导的生产模式，是指企业从提供产品转向提供集成产品和服务，并在使用中传递价值的组织能力和流程的战略创新。因此，企业需要了解如何与客户一起创造协同价值以及如何重构伙伴关系。

4.3.1 生产运营领域服务化战略的三种类型

生产运营领域的服务化战略可以分为三种，即业务流程导向型服务、技术应用整合型服务和系统集成打包型服务。

1. 业务流程导向型服务

业务流程导向型服务是指企业通过将业务活动整合到客户服务价值链或业务流程中，对一系列在逻辑上相关的合作性或交易性的活动进行协调，最终实现客户价值增值。它侧重于与客户企业的长久合作关系，是一种与客户协作的思维，主要通过对客户的交易活动进行调节，满足客户需求，降低运营成本，使客户价值增值，比如代理运营客户的管理活动、履行订单或者物流活动等。

2. 技术应用整合型服务

技术应用整合型服务要求企业能够柔性地响应客户差异化和动态化的诉求，根据客户企业的特定需求提供技术或产品解决方案。该服务侧重于对客户企业的技术应用进行整合和技术优化，比如项目、工程等与技术有关的业务。通过整合技术应用，能够让客户企业的内部运作更具灵活性，从而更有效地满足市场需求，发挥出服务提供者自身的技术能力。

3. 系统集成打包型服务

系统集成打包型服务是企业通过整合资源、能力和知识，全方位满足客户就特定事件或问题所提出的价值诉求，对客户提供一揽子服务。它综合了技术应用整合型服务和业务流程导向型服务的特点，提供整体解决方案。

4.3.2　生产运营领域供应链金融服务的模式

基于上述对生产运营领域的服务化战略认识，可以看出作为服务的提供者，以什么样的途径和方式满足差别化的客户价值诉求以及协同生产要求，决定了企业生产供应链运行的效率。作为目前供应链运行中一种重要的服务投入要素，金融如何作用于生产运营，与上述服务化战略的逻辑相一致。

根据金融在生产运营供应链中发挥的角色和作用，供应链金融的运作模式可以分为三大类，如图4－2所示。

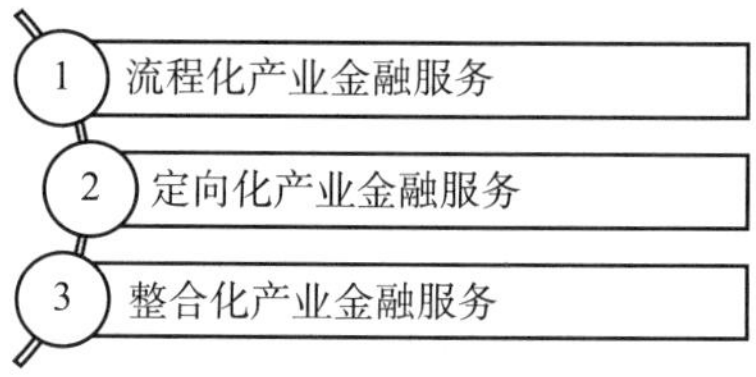

图 4－2 生产运营领域的供应链金融服务模式

1. 流程化产业金融服务

该类金融模式与 4. 3. 1 节业务流程导向型服务相一致，可以通过一体化、完善的虚拟生产来实现。虚拟生产是指为快速响应市场需求，充分利用计算机技术和互联网技术打破传统的空间概念，组建管理扁平化、竞争与合作相结合的动态联盟，并围绕各自的核心竞争力开展生产活动的生产模式。由于生产运营流程是一个复杂的过程，在当今生产全球化、外包化的背景下，参与方不仅为数众多，而且较为分散，在这样的情形下组织生产运营，容易产生信息不对称，从而推高生产运营的成本和费用。在这一背景下，服务运营商如果能运用金融资源实现生产运营流程的整合化，一方面帮助客户实现生产运营过程中的稳定性和持续性；另一方面有效弥合因市场支配力的不均衡而产生的生产运营瓶颈，就不仅能实现客户的价值，而且能产生生产方式的巨大变革。

（1）提升虚拟生产的效率与效益。虚拟生产的主要特征是在整个生产过程中，货物、信息和服务达到高度个性化的综合，无论是产品、服务还是价格，都是根据消费者选择和需求，生产部门能够快速对顾客的需求作出反应，按顾客要求定制不同种类、任意批量的产品；集成顾客、销售商、供应商以及生产者各方面的意见，在网络中进行动态的个性化设计，直到需求者满意为止。

虚拟企业作为一种新的组织形式，它的表现形式不是具体的物理位置和具体的公司实体，而是从商务过程或者资源中综合出来的一种新的生产能力。虚拟企业一般要在某一时间内将适合的经济主体聚合起来并完成某一特定任务，这就需要充足的资金来保障其运行。对于中小企业来说，尽管它们具备潜在资源和竞争力，但经常由于缺乏资金而错过虚拟生产网络。供应链金融很好地解决了这一问题，它通过帮助中小企业解决资金问题，使得生产网络能够源源不断地聚合新力量，以此来提升虚拟生产的效率与效益。

（2）推动生产的扁平化。由于地理位置上的距离以及物流过程的繁杂，使得全球化生产过程中经营活动的衔接产生了诸多的问题，特别是使企业的现金流量周期变长。而要降低现金流量周期就需要减少应收账款时间，延长应付账款时间，但是这一目标往往难以达到。而供应链金融通过服务运营商的融资行为连接了生产过程，在不影响买卖双方应收账款、应付账款的状况下，顺利地开展了生产经营活动，从而推动了生产扁平化的实现，减少了生产运营的中间环节。对于供应商而言，生产扁平化可以降低供应成本，从而增加客户企业的商品销售优势；对于生产制造企业而言，可以降低采购成本，从而降低产品制造的实际成本，提高产品在市场中的竞争优势。

2. 定制化产业金融服务

与4.3.1节技术应用整合型服务相符合的供应链金融模式为定制化产业金融服务模式，即服务运营者通过金融性业务完成对特定技术和产品生产经营的过程。流程化产业金融服务更加偏重于通过金融的作用实现生产经营流程性整合，而这种模式强调金融在定制化技术和产品生产分销过程中的作用，通过金融的杠杆作用，能够更好地与上下游企业结合，定制化地研发、生产和分销企业的自身产品。

在供应链运营中，金融活动不仅仅为参与方带来了收益，平稳了经营活动以及资金短缺的问题，让企业自身的生产经营或者产品分销产生了直接的效益，也稳定了关键供应商，确保了技术和核心部件的供应，还稳定了企业的网络渠道，确保企业的产品能顺利地获得较好的市场资源和地位。

3. 整合化产业金融服务

与服务化战略中系统集成打包型服务相同，供应链金融在生产运营领域的第三种模式综合了前两种类型，即既整合了生产运营流程，帮助参与方降低了生产经营中的交易成本，实现了虚拟生产；同时也结合了自身的技术和产品，稳定了服务运营者的网络结构，提升了已有产品在生产或分销中的竞争力。

整合化产业金融服务的运用涉及生产运营的全过程，在这一创新模式中，服务运营商既是金融服务的平台提供者和综合风险管理者，同时也是供应链金融的直接受益者。其目标不仅仅是稳定供应关系，促进产品销售，而且改变了整个供应链的管理生态，有利于优化供应链全局网络，服务运营者扮演了一个网络协调员的角色。

对于客户企业而言，整合化产业金融服务的优点综合了前两种金融服务的优点。

（1）高度的流程整合降低了交易成本。由于供应链运行的长度和复杂性，客户面临着巨大的交易成本。客户不仅要自己组织管理复杂的生产经营活动，还要面对变幻莫测的竞争。尤其是在专业产业领域，买卖双方要想了解交易对象的情况，困难重重，而且信息不对称现象严重，时刻损害交易双方的利益，再加上生产和分销企业之间的交易存在很多不确定性，交易由不同时间和地点随机展开，交易费用常常居高不下。整合化的供应链金融打通了供应链的渠道，实现了全供应链流程结合，很容易解决上述问题。

（2）定向化的服务稳定了供需关系。定向化的服务保证了特定技术和产品得以运用，协助客户更好地了解和使用服务提供者的产品和技术，将产品技术和服务真正结合起来，并让客户把精力集中在自己的生产经营活动中，稳定了供需关系。对于金融服务运营商而言，定向化的服务不仅能够使其成为产业流程的组织者和管理者，还可以改变以往的产品业务销售模式，使自己成为综合性生产运营商，让产品和业务可持续发展，稳定供应链体系，增强供应链的竞争力。

精选案例

案例4－1　海尔产业供应链金融平台

1. 海尔的“海融易”平台

2014年12月，海尔集团全资控股的互联网投资理财平台“海融易”上线，在其四大业务板块中，供应链金融的业务占到了平台交易量的60%以上。

通过与平安银行等四家金融机构合作，“海融易”通过平台可以为其所有的企业用户提供直接授信和订单融资等金融服务，这也意味着有近万家海尔经销商，可以享受到便利的互联网线上融资体验，解决自己面临的融资难问题。

海尔集团的所有供货商、销售商的数据信息都可以在海尔的ERP数据库中找到，海尔集团可以清楚地知道融资企业上下游供应商和销售商的详细情况。因此，在风险控制方面，它具有得天独厚的优势，通过“海融易”独有的风控模型，海尔集团可以准确判断融资企业是处于扩大再生产阶段，还是严重亏损阶段，从而为资金方提供详细的风控信息，以避免融资风险的出现。

2. 主要的供应链金融业务

海尔针对经销商不同时期的融资需求，主要推出了“货押模式”和“信用模式”两种供应链金融业务。其中，“货押模式”主要是针对经销商为了应对节日消费高峰等情况而需要进行采购所实施的一种金融解决方案；“信用模式”则主要是针对经销商每月实际销售产生的小额采购而实施的一种金融解决方案。

（1）“货押模式”的具体操作流程。货押模式的具体流程如图4－3所示，主要包括以下几个步骤。

①经销商通过日日顺 B2B 平台向海尔智慧工厂下达采购订单，再将 30% 的预付款付至银行。

②经销商随后向海尔供应链金融申请货押融资，海尔供应链金融将相应信息递送至银行，同时会根据手中掌握的经销商的具体信息，向银行提出建议额度。

③银行审核后，将钱款转到经销商监管账户，海尔供应链金融则将剩余订单资金（70%）交付给海尔的财务公司。财务公司收到相应款项后，通知海尔智慧工厂根据订单安排生产。

④当海尔智慧工厂将产品加工完成后，将成品发送到日日顺物流仓库，成品货物进入质押状态。

⑤当经销商需要使用成品货物时，向海尔供应链金融申请赎货，同时将剩余货款还给银行。

⑥当海尔供应链金融收到经销商全额支付的货款信息后，通知日日顺仓库货物解除质押，并由日日顺物流配送给经销商或通知经销商提货。

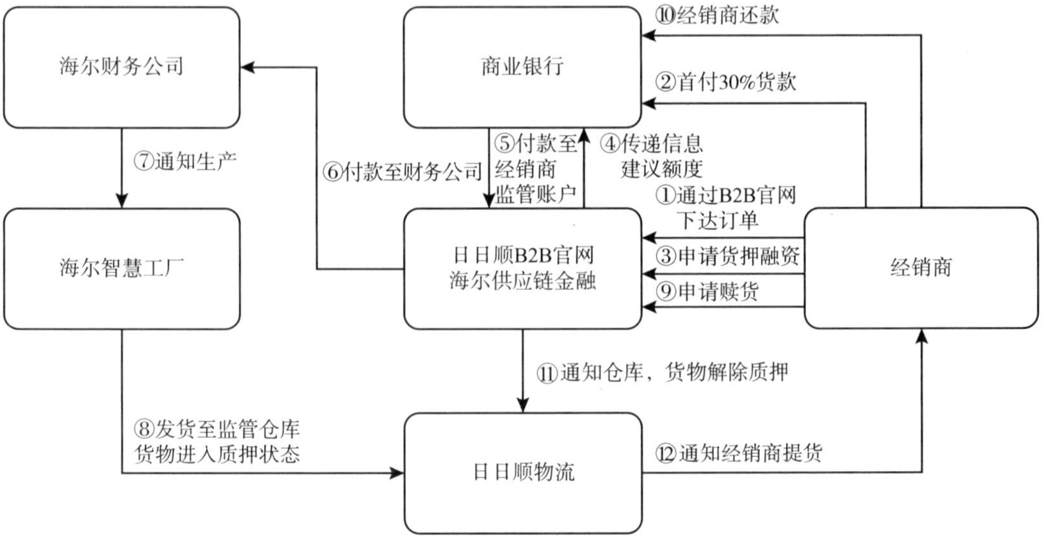

图 4－3　海尔产业供应链金融货押模式主要流程

（2）“信用模式”的具体操作流程。信用模式的具体流程如图 4－4 所示，主要包括以下几个步骤。

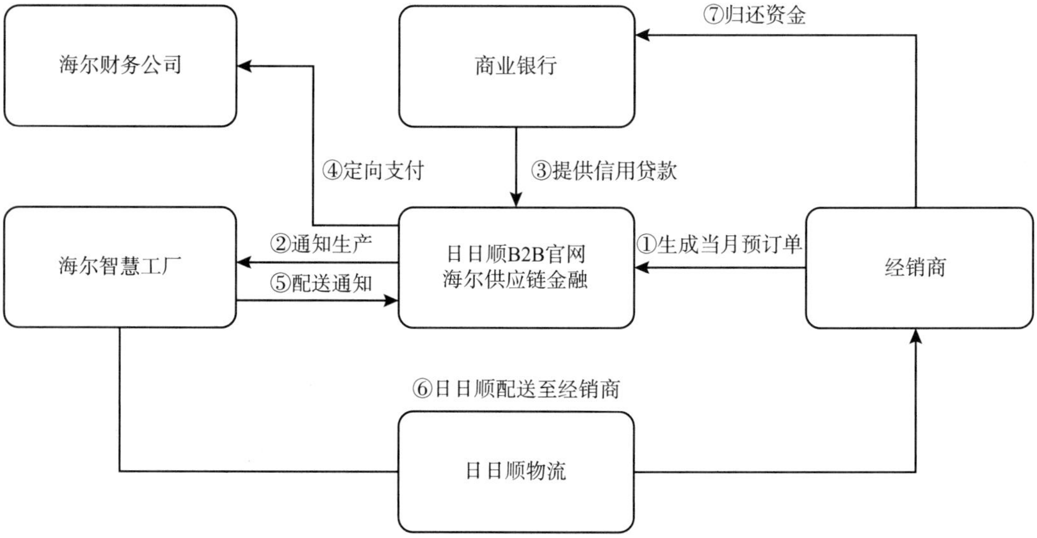

图4－4　海尔产业供应链金融信用模式主要流程

①经销商要先向海尔提供当月的预订单。

②收到预订单后，海尔智慧工厂进入产品生产阶段。

③海尔供应链金融和银行会根据经销商的信用状况，为经销商提供全额资金，并直接支付到海尔财务公司。

④财务公司在收到货款后，准许智慧工厂发货，工厂便会通过日日顺物流将货物配送至经销商处。

⑤经销商收到货物后支付货物款项至指定商业银行。

综上所述，无论是“货押模式”，还是“信用模式”，海尔供应链金融平台上的经销商在获取融资时，都可以不用抵押担保，也不用亲自去银行办理手续，一切操作都可以通过海尔在线供应链金融平台完成。经销商不仅享受到了快捷高效的融资服务，同时还可以获得大企业融资才有的优惠利率。

除了海尔供应链金融平台外，海尔集团在供应链金融方面还组建了海尔金融保理公司。与海尔供应链金融平台服务于海尔产业链内的企业客户不同，海尔金融保理的全部业务都独立于集团产业链之外，其所服务的也主要是海尔集团产业链外的企业客户。

在不断摸索中，海尔金融保理创建了一种“链式信用生态”的模式，该模式通过打通整个产业链，排除产业链中不必要的中间商，连接各个资源方，建立起以合同为基础的信用增值体系。其所打造的是一个信用生态赋能平台，通过信用价值在产业链中不断深入传递，改变产业链末端的中小微企业的弱势地位。最终将以核心企业为主的供应链金融，推向整个产业链共同参与的产业链金融，进而再探索出让产业链各方联系更为紧密的生态链金融。

可以看出，海尔集团在供应链金融方面的尝试和实践是比较成功的，其所不断推进的方向，也正是当前供应链金融变革升级的主流方向。借助于强大的先天优势，海尔集团在供应链金融领域所取得的成绩，已经成为其在传统业务之外的新的经济增长点，这正是核心企业主导的供应链金融所带来的理想结果。

资料来源：郑殿峰，齐宏．产业供应链金融：供应链金融的最终解决方案［M］．北京：中国商业出版社，2020.

思考题

1. 海尔推出的“货押模式”和“信用模式”两种供应链金融业务有什么异同点？
2. 核心企业主导供应链金融具有哪些突出的优势与不足？

案例 4－2　联想的供应链金融服务

1. 企业简介

2005 年，联想集团由 Legend 正式更名为 Lenovo，并收购了 IBM 个人电脑事业部，从而成为世界第三大电脑制造商。联想集团在 2009 年 4 月发布了全球消费业务战略，宣布凭借独特的交易模式、成本优势以及全球领先的创新体系，全面进军全球消费电脑市场。

2014 年，PC 行业出现巨大变动，日本电子巨头索尼公司宣布出售旗下的 PC 事业部门和 VAIO 品牌，是全球 PC 业陷入困境的一个缩影。据互联网数据中心（Internet Data Center，IDC）统计，2013 年全球 PC 出货量减少 10.1%，创下历史最大年度降幅。然而，在全球 PC 市场规模不断萎缩的同时，联想是全球 PC 市场唯一的亮点，在 2013 年全球五大 PC 制造者中，联想是唯一保持市场份额和 PC 出货量双增长的厂商，其全年市场份额达到创纪录的 17.1%，第一次成为全球 PC 市场的全年销量冠军。随后联想又接连在并购市场和供应链金融方面有所斩获，拿下 IBM 的 x86 相关事业以及摩托罗拉移动，同时积极开展对联想供应商的融资支持业务，目前供应链金融服务实现的收益已经占到了联想总体收益的 20%。

2. 联想供应链金融解决方案

联想针对供应链中的供应商以及一、二级分销、经销商提出了全面供应链金融解决方案，特别对于下游分销、经销商提出了金融服务和管理的整体框架。在框架的基层是联想的全程信用管理体系，包括对下游的信用调查、信用评价、资金方案的审核、信用控制、联想应收账款管理以及信用分析等，从而为其开展金融服务奠定了基础。框架的中间层是联想的运营管理，这是融资服务的直接依托，即凭借联想运营管理掌握下游企业的状况以及潜在的风险，定向性地提供不同类型的融资模式，这些管理活动包括季度业绩回顾、运营数据周监测以及潜在风险客户月度分析等。在上述两个层面管理的基础上，专门针对各级分销商和经销商提供差异化的融资模式，目前联想提供的服务类型有保理、保兑、银行承兑汇票、租赁和保单融资等服务。

（1）保理融资服务模式。该模式是在联想与下游客户之间签订购销合同的基础上，将应收账款转让给商业银行或保理进行贴现，同时商业银行或保理给予下游客户授信、指定购买联想产品服务，到期后客户向商业银行或保理还款。联想保理融资流程如图4－5所示。

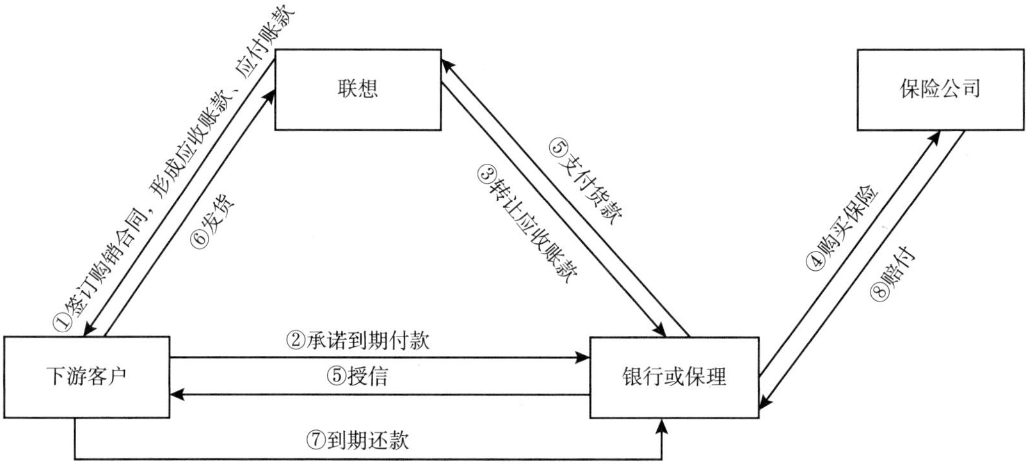

图4－5　联想保理融资流程

①联想与下游客户之间签订产品或服务的购销合同，形成应收账款、应付账款。

②下游客户向联想指定商业银行或保理机构承诺到期付款，并确认应收账款转让。

③联想将应收账款等票据转让给银行或保理。

④银行或保理向保险公司购买保险。

⑤银行或保理给客户授信，并向联想支付货款（票据贴现）。

⑥联想向下游客户发货。

⑦到期后客户向指定银行或保理机构还款。

⑧在产生一定损失的状况下，保险公司向银行或保理赔付。

在该模式中，联想与商业银行或保理公司，以及下游客户之间要形成合作协议。银行或保理公司要承担风险管理以及提供资金的作用；客户需要承诺购买联想产品服务，同时按时支付货款；而联想需要及时掌握下游客户的运营，与金融机构分享信息，并根据实际状况通过金融机构为下游融资，解决资金不足问题，同时拓展自身的产品和服务销售。

(2) 保兑融资服务模式。该模式需要联想与金融机构以及下游客户三方之间形成合作协议，并与金融机构充分分享、沟通运营管理信息，将所供货物送至金融机构指定监管库或第三方。在下游客户交付一定保证金的基础上，金融机构给予下游客户授信，并且在逐笔交付保证金或抵押物的条件下，金融机构通知发货，客户与联想核销货款。联想保兑融资流程如图 4－6 所示。

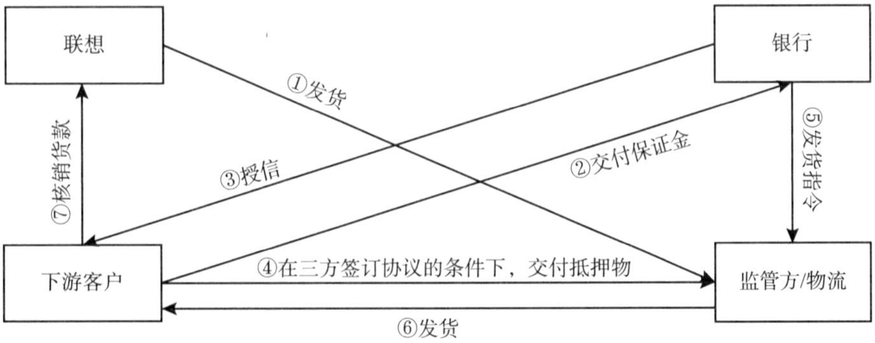

图 4－6　联想保兑融资流程

①由联想将其欲支持的客户清单提供给银行，联想、银行与下游客户之间签订三方协议，联想将所需产品发货至银行指定的监管方或第三方物流。

②下游客户向银行支付一定比例的保证金。

③银行基于保证金给下游客户授信，提供敞口。

④在下游客户与银行、监管方签订三方协议的条件下，向监管方交付抵质押物。

⑤银行通知监管方发货。

⑥监管方向下游客户发货。

⑦下游客户与联想核销货款。

联想运用该模式帮助下游客户解决资金不足的问题，有力地拓展了自身产品的销售。对下游客户来讲，借助于联想的信誉，可以以较少的保证金获得资金融通，而且实现了联想产品经营的规模经济，有利于从上游联想处获得更好的交易条件。从银行的角度看，通过与联想之间的合作与信息沟通，有效地将金融业务渗透到了联想的供应链运营中，并且借助于监管方或第三方的货权管理有效地控制了风险。

资料来源：郑殷峰，齐宏．产业供应链金融：供应链金融的最终解决方案［M］．北京：中国商业出版社，2020.

思考题

1. 联想推出了哪些针对分销商和经销商的差异化融资模式？
2. 联想的保理融资服务模式和保兑融资服务模式各是如何运作的？

案例4－3　新希望："智能技术＋供应链金融"，赋能农业产融新生态

1. 新希望金服简介

新希望集团拥有农牧与食品、化工与资源、地产与基础设施、金融与投资四大产业集群，是一家集农、工、贸、科一体化发展的大型农牧业民营集团企业，是首批中国农业产业化国家级重点龙头企业之一。近年来，新希望集团在农业、食品产业上进行了极大地拓展，完善了供应链从端到端的布局，即从田野到餐桌，集约化程度不断提升。但由于农业生产分散、集约化程度有限，农产品交易流通产业链长、信息容易丢失，农产品贸易链条信用体系差、缺乏交易履约保障等问题，使得农业供应链发展仍面临融资难、融资贵等挑战。以养猪产业为例，其产业链贯通农作物种植、饲料加工、销售渠道建立、牧民养殖、屠宰/加工、肉类销售到餐桌的链路，是一个完整的农牧产业链闭环。但这其中的每个流转环节都产生了大量的资金需求，面临巨大的资金压力，农业供应链金融应运而生。

从业务逻辑来看，农业供应链场景下的新供应链金融模式，通过搭建第三方供应链金融平台，将资产端的核心企业与资金端的商业银行、保理公司、担保公司等（类）金融机构以及提供第三方服务的征信机构连接在一起，打破信息不对称的局面，构建良好的信用管理体系，从而形成供应链金融的生态圈。其中，第三方供应链金融平台依托先进的技术和量化风控体系，与各类企业（平台）高效合作，提供综合产品解决方案，帮助合作企业（平台）快速上线信贷产品，使企业（平台）的上、下游用户获得更快捷和低成本的融资服务，进一步扩展更大的交易规模，从而形成良性发展。

新希望金服是新希望集团全力打造的泛农业产业科技与金融服务平台，专注于中小微企业信贷领域，其以信用管理系统作为业务和数据切入点，实现核心企业全流程管理，利用互联网、物联网、人工智能、大数据等技术，与新希望集团现有农牧业务共同

协作，扎根农业一线。

2. 农业供应链金融的难点

农业供应链金融在实践的过程中存在以下难点和痛点。

（1）分散性。我国农产品单体生产规模小、布局分散、集约化程度低，这导致了农民生产的农产品通常需要进行集中收购才能实现批量销售，影响产品的流通效率。

（2）链条长。农产品流通大致要经历采购、加工、仓储、物流四个环节，涉及多方利益，在该过程中，数据信息容易丢失，削弱了数据流通的价值。

（3）信用体系差。农产品贸易链条每个环节都需要大量货源，但存在一定的回款周期，企业对资金需求旺盛，但又缺乏信用体系。

3. 金融科技的应用

金融科技为农业供应链金融的发展提供了强大的技术支撑。在 IT、金融、制造业等多领域企业的共同参与下，作为前沿的科学技术，区块链技术创新持续活跃，产业发展不断加速，逐渐成为驱动各行业技术产品创新和产业变革的重要力量。在供应链金融中，以区块链技术为底层的供应链金融解决方案能确保数据可信、互认流转、隐私保护，解决供应链上存在的信息孤岛难题，释放核心企业信用到整个供应链条的多级供应商，提升全链条的融资效率，降低业务成本，丰富金融机构的业务场景，从而提高整个供应链上资金运转效率。其具体应用体现在以下四大方面。

（1）“区块链 + 大数据”。区块链难以篡改的特性，使得多个利益相关方可以提前设定好规则，实现数据的互通和信息共享，最大化实现商流、物流、资金流、信息流四流合一。数据可信度高，降低企业融资及银行风控难度。

（2）“区块链 + 应收账款”。风控数据获取、合同签订、票据流转等业务执行线上化，周期短、效率高。根据《中华人民共和国民法典》《电子合同法》《电子签名法》等，核心企业的应收账款凭证是区块链上可流转、可融资的确权凭证，使得核心企业信任能沿着可信的贸易链路传递。

（3）“区块链 + 凭证拆转融”。凭证可多级拆转融，解决非一级供应商融资难、资金短缺的问题。区块链可以实现电子凭证拆转融，用链上电子凭证代替传统业务模式中的纸质商票。电子凭证可拆分、可贴现、可融资，持有凭证的下游供应商可用全部凭证支付给上游供应商。

（4）“区块链 + 智能合约”。智能合约固化资金清算路径，极大地减少故意拖延等违约行为的发生。基于智能合约的自动清结算，减少人工干预，降低操作风险，保障回款安全。

除了区块链技术，大数据的广泛应用也进一步提升金融效率、解决金融痛点，促进构建更符合市场需求的数字化、智能化的供应链金融服务平台，形成一个全新的商业信用体系。

新希望金服以大数据为核心生产力，汇聚产业数据、政府以及第三方数据，构建起自动化、数字化、智能化的“三农”金融科技体系。一是整合原始数据。对集团多年产业数据，结合政府、第三方征信和企业财税、物流运输数据等资源进行整合共享，建立用户信用档案，并应用数据集市，对用户进行分类、可视化的管理。二是建立数据模型。通过大数据，进行用户画像、信用评分等，建立科学的信用评估体系，自动帮助用户定制产品。同时，还实现了批量客群分层自动审核、智能授信等。三是智能化的贷后管理。通过大数据，建立了智能贷后跟踪与管理系统，实现全流程动态化监控、管理、分析，进一步降低用户违约风险。

4. 新希望金服的“好养贷”产品

针对养殖户相关需求，新希望金服设计了“好养贷”产品。如图 4－7 所示，“好养贷”模式中金融科技的应用表现为以下四个方面。

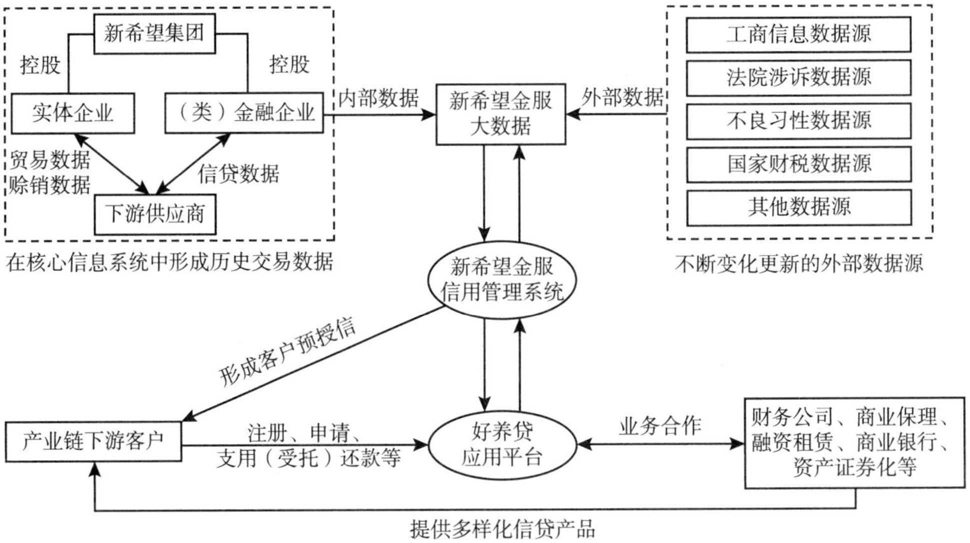

图 4－7　新希望金服“好养贷”产品模式

（1）新希望金服整合内外部数据，建立独具行业特色的大数据库。其中，外部数据包括工商、司法、财税等较为公开易得的数据，内部数据包括下游客户与新希望集团的交易数据、支付数据、赊销数据以及新希望（类）金融公司的信贷数据等。内部数据补充了外部数据维度不够丰富和颗粒度不够细的劣势，极具信用评估和风险甄别价值。

(2) 依托其大数据库，结合农业生产自然规律和行业经验，建立大数据风险管理模型，形成客户信用管理系统。在客户信用管理系统形成对下游客户进行预授信的基础上，精准营销金融产品，消除了传统信贷审批慢和审批结果不可控的弊端，极大提升了场景金融渗透率。此外，客户信用管理系统搜集整理客户信贷过程中的支用偏好、还款等信息，可进一步调整优化对客策略。

(3) 依托强大的金融科技力量，开发操作便捷、用户友好的手机应用程序，即“好养贷应用平台”，为中小微企业或者农户提供手机端注册、认证、申请授信、支用、还款和查询等功能。

(4) 开拓广泛的资金来源，不断降低客户信贷利率，走向普惠金融。依托新希望集团的综合实力和品牌美誉度，“新希望金服”与众多金融机构建立了良好的合作关系，并在资本市场上进行创新性融资。

对比分析传统农牧供应链金融模式和新希望集团“好养贷”产品模式，可知新希望集团的农业互联网供应链金融具有三个显著特点。

(1) 面向客户群体更为多元化，降低了对核心企业最终付款能力的依赖。传统农牧供应链金融大都以核心企业的供应商为目标客户，提供融资服务，依赖核心企业的最终付款能力，减少信贷风险，而新希望集团“好养贷”产品则面向众多的经销商和养殖户等，该客户群体的还款能力更依赖其自身的信誉和还款能力。

(2) 表现出“用户体验至上”的互联网金融精神。经销商和养殖户等客户资金需求具有金额小、周期短、频率高、时效强等特点，从用户的需求出发，好养贷产品打造“纯信用、随借随还、操作方便、体验感强”特色，并在推广过程中及时搜集客户需求信息，调整产品和服务设计以及营销方案，与客户形成良好的互动。

(3) 创新了贴合产业特点的风险管理模型。农业互联网供应链金融的本质仍是金融，业务模式的优越性最终体现在信贷规模、信贷效率和风险管理三个方面。从信贷规模上看，该产品虽推出时间较短，但上线之初的一个月时间内，已覆盖全国十余个省市，为数千位客户提供金融服务，授信规模数亿元，金融渗透率高达40%；从信贷效率上看，传统小微贷款依靠人工做贷前审查和贷后管理，难以实现客户规模的突破，而农业互联网供应链金融模式实现了批量获客，大幅提升了信贷效率，减少了运营成本；从风险管理效果上看，农业互联网供应链金融模式依托新希望集团在农牧领域的经验积累，将历史经验转化为不断更新迭代的风控模型，实现了风险管理智能化，能够有效减少信息不对称，切实降低信贷风险。

资料来源：新希望："智能技术+供应链金融"，赋能农业产融新生态——专访新希望金融服务有限公司总裁盛子夏［J］. 财资中国·财富风尚，2019（11）.

思考题

1. 新兴技术（数据分析、人工智能等）如何赋能供应链金融，促进农业产融生态圈的协同发展？

2. 农业供应链金融在实践的过程中存在哪些难点？有什么应对办法？

第 5 章　物流企业主导的供应链金融

随着物流业的发展，物流服务价值链逐渐延伸，如提供采购、销售、电子商务、金融等衍生服务。其中，物流业供应链金融服务是物流衍生服务的重要组成部分，是物流与资金流结合的产物。目前，物流业供应链金融在中国快速发展，使其成为物流企业和金融企业拓展发展空间、增强竞争力的重要领域，也使“物流、资金流和信息流结合”从概念变成了现实。

5.1　概　　述

物流企业与银行或核心企业一样，本质上都是凭借自身资源，以特定方式形成风险解决方案涉足金融业。就物流企业实际运营来看它不仅拥有大量交易信息，还控制着实际物流。物流信息反映的是最真实的交易信息。物流企业在开展未来货权类业务时，可根据中小企业的交易和物流信息来实现良好的风险管理。同时，由于物流企业掌握了货物的流转，一旦中小企业违约而无法偿还贷款，物流企业可以对货权进行处置。因此，物流企业可以在自身精确控制抵押物的基础上为上下游企业提供融资服务，同时获得物流服务收入与金融服务收益。

5.1.1　物流金融产品的基本运作流程

1. 垫付货款业务

垫付货款模式下，在货物运输过程中，发货人将货权转移给银行，银行根据市场情况按一定比例提供融资。当提货人向银行偿还货款后，银行向第三方物流供应商发出放货指示，将货权还给提货人。垫付货款业务流程如图 5－1 所示。

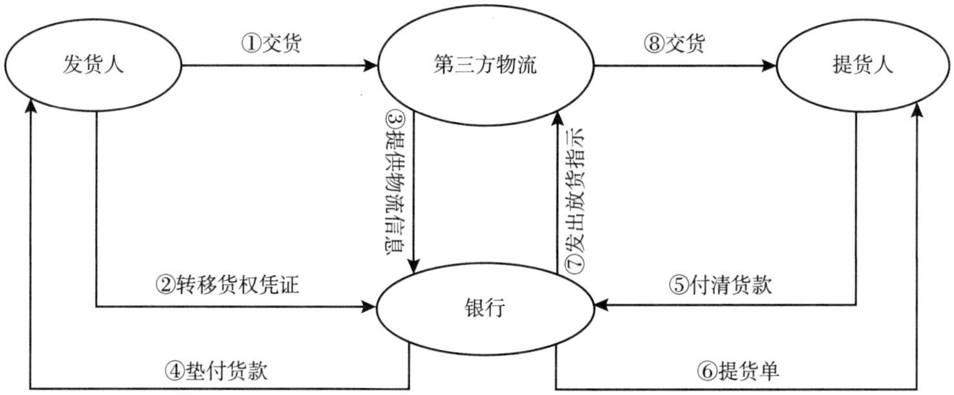

图 5－1　垫付货款业务流程

2. 仓单质押业务

仓单质押模式下，融通仓不仅为金融机构提供了可信赖的质物监管，还帮助质押贷款主体双方较好地解决了质物价值评估、拍卖等难题。在实际操作中货主一次或多次向银行还贷，银行根据货主还贷情况向货主提供提货单，融通仓根据银行的发货指令向货主交货。仓单质押业务流程如图 5－2 所示。

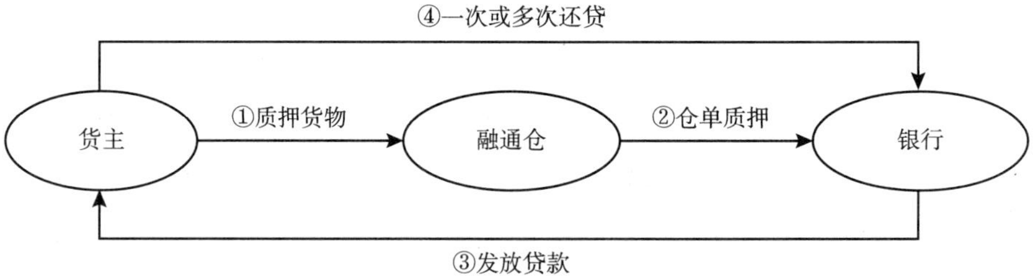

图 5－2　仓单质押业务流程

3. 保兑仓业务

保兑仓模式下，制造商、经销商、第三方物流供应商、银行四方签署“保兑仓”业务合作协议书，经销商根据与制造商签订的《购销合同》向银行交纳一定比率的保证金，该款项应不少于经销商计划向制造商在此次提货的价款，申请开立银行承兑汇票，专项用于向制造商支付货款，由第三方物流供应商提供承兑担保，经销商以货物对第三方物流供应商进行反担保。银行给制造商开出承兑汇票后，制造商向保兑仓交货，此时转为仓单质押。保兑仓业务流程如图5-3所示。

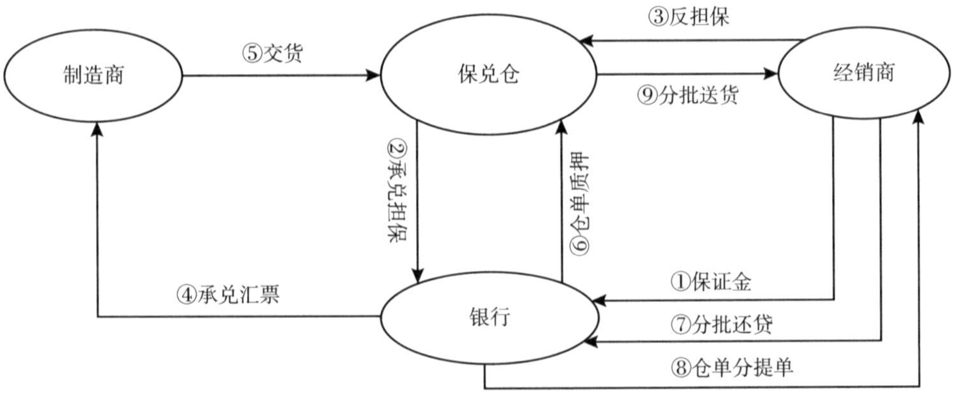

图5-3 保兑仓业务流程

作为企业需要将沉淀的存货资金盘活，作为金融机构的银行考虑的是如何控制风险，那么就需要了解抵押物、质押物的规格、型号、质量、原价和净值、销售区域、承销商等，要察看权力凭证原件，辨别真伪。这些工作超出了金融机构的业务范围，此时金融机构便离不开物流企业的帮助。

5.1.2 物流企业主导的供应链金融模式

从物流的角度看，一条完整的供应链上几乎所有的节点企业，都要与物流企业发生物流、信息流和资金流等方面的联系。这对以第三方龙头物流企业作为融资平台而非核心企业为平台的“1+N”供应链融资模式，与商业银行对接合作开展供应链金融业务，提供了一个很好的基础。物流企业主导的供应链金融具体的运作模式如图5-4所示。

物流是线下闭环最重要的一环，物流企业对于整个供应链的平稳运作至关重要。该模式下，物流龙头企业可以开发不同行业的产业链，向商业银行等金融机构推荐不同产业链上的优质企业。某种程度上物流企业成为银行产品销售的渠道商，或者说银行成为物流企业向客户提供金融增值服务的附属机构。物流企业不仅代表银行管理和控制抵质押物，还对受信企业的经营活动实施某种程度的现场监测，为银行提供预警信号，并在应急处理中扮演重要角色。

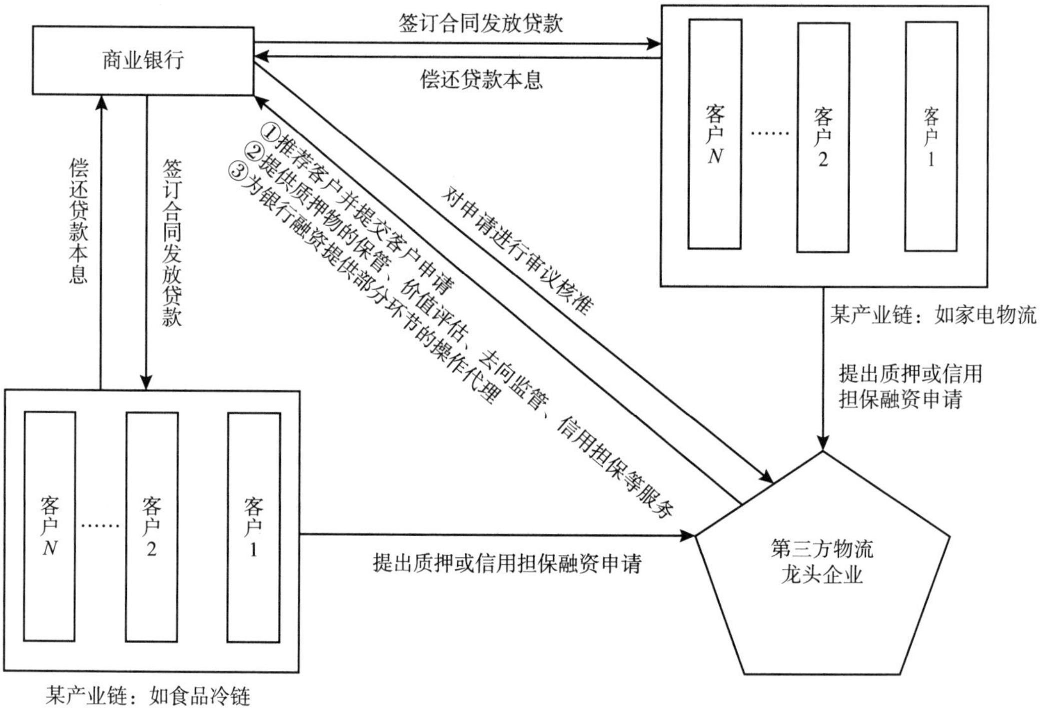

图 5－4　物流企业主导的供应链金融具体的运作模式

此外，物流企业还可以在精确控制抵押物的基础上，通过其下设的商业保理公司、融资租赁公司、小额贷款公司、投融资平台等为上下游企业提供供应链金融相关服务，而商业银行或 P2P 平台则对接物流企业，为其提供资金和其他金融服务，物流企业可以同时获得物流服务收入与金融服务收益。

5.2　物流企业主导供应链金融的优势与劣势

5.2.1　物流企业主导供应链金融的优势

随着大数据、物联网技术的发展，海量分散的物流数据得以利用，物流企业发展供应链金融优势越来越明显。相比银行，物流企业更深入产业，第一、第二、第三产业都需要物流服务，因此物流企业天然置于产业之中。相比核心企业、电商平台，物流企业又不仅仅局限于一个闭环场景，只要提供物流服务的场景，都可以实现供应链金融服务。

物流企业主导供应链金融主要具有以下几个方面的优势。

（1）物流企业可以在事前筛选客户和合作银行。物流企业从专业的物流服务切入，在货物的验收、评估和监管方面具有明显优势，可以通过有效掌握的企业真实运营数据，降低信息不对称带来的风险。物流企业因此主导了融资准备过程中对象的选择、方案的设计，而且负责确定融资实施过程中融资规模、融资利率以及还款方式等。其次，在融资条件的确定过程中，物流企业先通过其物流网络了解目标抵押物的特征，同时利用数字标签系统和产品信息平台掌控抵押物的实时状态。

（2）物流企业可以在事中掌控融资抵押物、控制融资风险。物流企业通过对整个产业链的完整的控货能力，尤其是在以存货抵押为主要形式的供应链金融中具有绝对的优势。在实际融资过程中，物流企业控制的抵押物的变现价值与成本往往会随着状态与位置的变化而变化。物流企业要控制其融资风险，必须实时掌握货物的运输信息，而物流公司在这方面具有明显的优势。

（3）物流企业切入供应链金融领域开辟了新的增值业务，如价值评估、质押物担保授信等，为企业增加了新的利润空间的同时也搭建了银企间合作的桥梁。

5.2.2　物流企业主导供应链金融的劣势

物流企业主导供应链金融主要具有以下几个方面的劣势。

（1）最主要的不足之处在于物流行业的分散性。物流企业普遍市场占有率较低。在交通运输市场占比高达 75% 的快运行业前 10 名的行业集中度只有 2.9%，而公路货运的行业集中度只有 1.2%。因此一家物流企业，无法满足所有行业的需求。此外，由于物流行业比较分散、集中度低，且在运输和仓储的规范方面缺乏标准，流通中的物权难以得到相应的保证。

（2）除大型物流企业外，中小物流企业对资金流、信息流的掌控能力小。因为供应链金融首先要形成“四流”的闭环需要强大的资源整合能力与资金实力，这些是中小物流企业难以具备的。另外，中国多数物流公司的配送网络还不完善，难以满足商业银行对于实物等的实时监管、快速反应的严格要求。

5.3 物流企业主导供应链金融的发展类型[①]

我国第三方物流企业分为四种不同类型：资产型广域型、资产型区域型、知识型广域型和知识型区域型。由此形成了四类不同的物流金融运作模式。

（1）传统物流金融服务。第三方物流凭借自己的资产运营和一些基础性的物流活动，为客户提供相应的金融性服务，诸如代收货款和部分货款托收等服务。这种金融服务虽然能为客户带来一定的价值，但是对于第三方物流企业自身而言，一方面物流资产投资较大，投资回报率较低；另一方面金融服务的增值性较为有限，或者因代付导致负债率较高。在这种模式下的整个供应链生态中，第三方物流处于配角的地位。

（2）区域变革发展型物流金融服务。该模式下，虽然物流企业运营的范围和空间仍然在一定区域范围内，但是与传统物流金融服务相比，服务的基础已经发生改变，物流服务开始脱离单纯依靠物质资产经营的特点，向服务价值链的高增值业务活动延伸。比如通过解决区域内供应链参与企业的资金问题，加速库存周转，提高采购物流或分销物流效率。

（3）广域变革发展型物流金融服务。该模式下，第三方物流已经建立起来强大的服务网络，具有良好的规模性。其特点是第三方物流不仅能够提供增值性的物流服务和金融服务，而且开始将服务网络向全国、海外拓展，从而极大地提高对客户的服务空间，供应链金融运作和优化的范畴更为广泛。

（4）知识型网络拓展物流金融服务。这是从资产型广域型第三方物流演化而来，依托原来丰富的网络资源和规模经济，通过供应链金融创新和高增值的物流服务，逐渐向知识型广域型第三方物流发展。该模式不仅提升了客户的黏度，增强了第三方物流与供应链参与企业之间的关系，同时也通过金融服务与增值性物流服务的结合为第三方物流自身创造新的发展方向和盈利点。

---

① 宋华．供应链金融［M］.2 版．北京：中国人民大学出版社，2016.

精选案例

案例 5 - 1　现代农产品物流中心金融服务

1. 背景

区域变革发展型物流金融模式的一种表现方式是以现代农产品物流中心为依托的综合物流和金融服务。传统的农产品批发市场无法应对现代市场发展的要求，也不利于农产品供应链的构建和运行，交易的效率较低，具体来讲，一是从交易市场的角度看，基础设施不完善，无法实现全程的物流管理，尤其是有些农产品需要全过程冷链的建立。此外，传统的交易是一对一的交易，交易方式落后，服务功能不健全，不仅不能提供良好的物流服务，而且也不具备信息化的支持、参与主体之间的协调和资金扶持功能，标准化程度低，缺乏规范。二是无法组织分散的农户进行规模化的经营，农户面临着严重的信息不对称，获得金融贷款的难度非常大。三是从流通渠道的角度看，购销渠道不顺畅，无法实现交易、库存、配送、加工和资金管理一体化的整合。正因为如此，现代化农产品物流中心的建设长期以来一直是管理实践领域待解决的问题。

在这一背景下，一些第三方物流开始利用供应链管理的理念和方法重新打造农产品物流中心。R 物流发展（集团）有限公司成立于 2006 年，主营食品物流服务，以冷库为中心，以物流配送服务为链条，以交易批发市场及大型超市为终端销售网络，整合食品物流产业链，为食品企业提供冷冻冷藏、产品交易市场、物流配送、食品代工物流方案设计金融服务、电子商务等一系列服务，提升食品物流特别是冷链物流整体产业链的价值，目前该公司是华东地区最大的食品集散中心之一。

其具体的运行职能包括四个方面：一是展示中心和交易中心的职能，即按不同的食品划分不同的功能区，并由农产品生产基地通过交易平台和终端配送体系直连采购者，去除原来过多的中间环节，实现产销对接；二是冷藏、搬运和检测检疫的职能，即通过建立检测检疫系统和农产品溯源系统，从源头保障农产品安全，并通过冷链实现从农副产品生产和原料加工到市场销售全供应链环节的温度处于受控状况，同时对入园产品实施抽检，以保证食品安全；三是第三方配送服务以及物流系统和方案设计职能，该物流中心一方面整合上游供应商（经纪人与农户）、下游采购商，另一方面组织协调第三方物流和自身建设的冷链，提供物流的解决方案和冷链物流管理；四是针对目前农产品供应商难以及时获得资金的问题，该物流中心通过电子交易和电子结算，降低商家的财务成本和交易风险，保障资金安全，同时提供存单、保单、担保、贴现等供应链金融业务。

2. 供应链物流金融服务方案

其供应链物流金融的具体方案如图5－5所示。首先，物流中心与金融机构形成紧密的合作关系，金融机构对物流中心推介的农户和（采购商）进行尽职调查，作出信用评估，并且签订合作意向。然后，经纪人（农户）通过该物流中心的电子交易平台与市场商户进行交易，并向金融机构申请融资。在这个过程中，物流中心为买卖双方提供物流方案，运用冷链系统对货物实施监管，并且选定第三方物流提供物流服务。金融机构根据物流中心的担保向经纪人（农户）贴现融资。到期后，市场商户通过物流中心的结算平台归还贷款，金融机构扣除本金和利息后，将剩余款项通过平台返还经纪人（农户）。在该物流金融模式中，物流中心不仅及时融通了上游供应商，将原来分散的经纪人和农户与大市场有效地对接，而且借助于电子化的交易平台和结算平台，加之冷链物流系统和第三方物流之间的密切合作，有效地控制了农业供应链中信用体系不足造成违约的潜在风险。

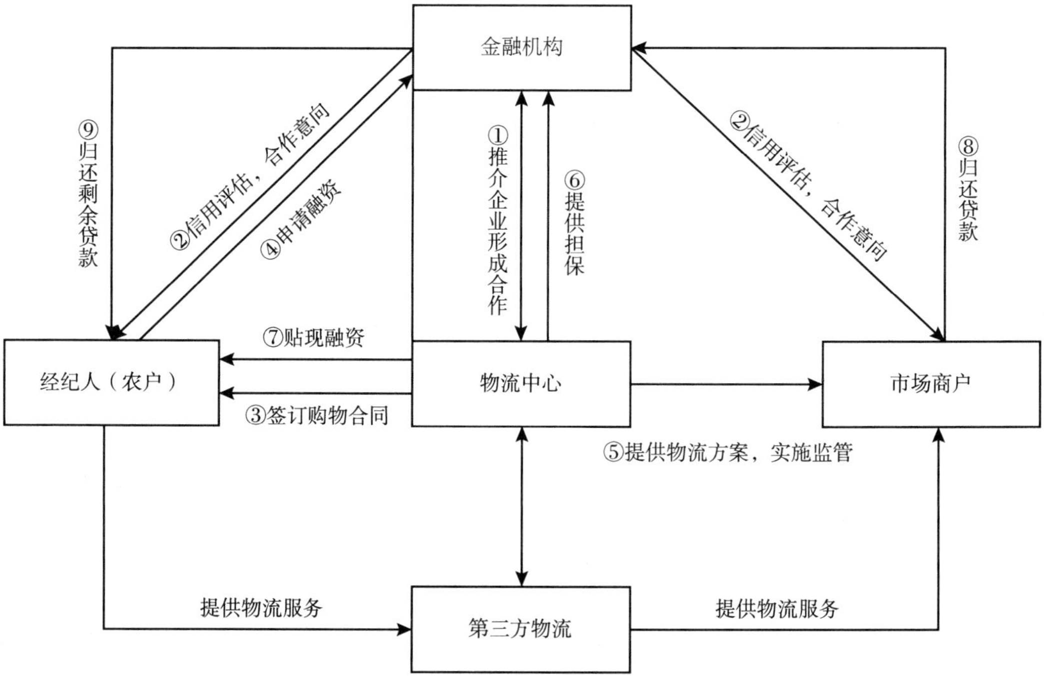

图5－5　农产品物流中心开展供应链金融服务

资料来源：宋华．互联网供应链金融［M］．北京：中国人民大学出版社，2017.

思考题

1. 传统农产品物流中心发展的缺陷有哪些?

2. R物流发展(集团)有限公司的具体运行职能有哪些?

案例5-2 物流企业主导供应链金融发展的UPSC模式及启示

1. 企业概述

美国联合包裹运送服务公司(United Parcel Service, UPS)是著名的第三方物流企业,2017年位列世界五百强第138位,国内包裹、国际包裹,以及供应链和货运是三大业务收入板块。基于全流程物流控制力,UPS重筑了核心企业及其上游中小供应商之间的信息节点,成为开展供应链金融的最佳切入点。其中,对动产信息的掌控是开展供应链金融业务的关键所在。2018年,供应链和货运业务收入达到138.26亿元,同比增长17.5%。如图5-6所示,2015—2018年,供应链和货运业务收入在UPS收入中所占的比例逐年上升。

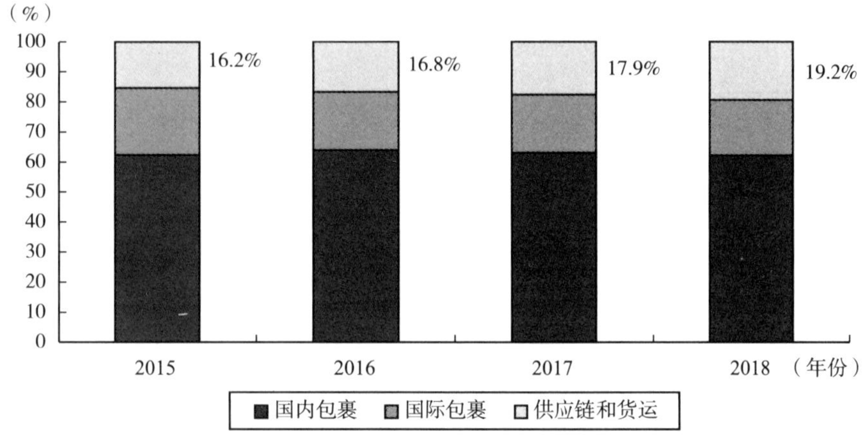

图5-6 UPS收入构成

2. 成立UPSC——为主业物流客户提供"增值金融服务"

居于大型核心企业和数以万计的中小供应商之间,UPS在其业务开展中发现大量中小供应商由于资金被核心企业占用而产生的高融资需求和核心企业的高信用保障。为此,1998年,UPS收购一家银行成立了UPS金融公司,即UPSC(UPS Capital),在提供物流服务的同时为中小供应商提供金融增值服务。UPS的供应链金融模式如图5-7所示。

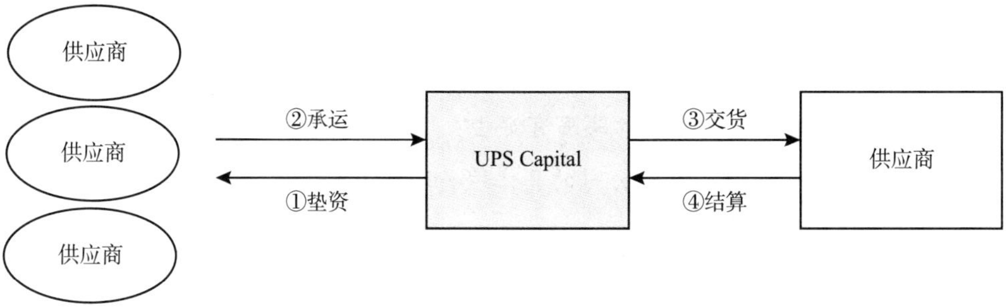

图 5－7　UPS 的供应链金融模式

如图 5－8 所示，UPSC 的定位是：为 UPS 主业的物流客户提供“增值金融服务”，这就使得 UPS 能够围绕客户营商周期，提供物流、信息流和资金流“三流合一”的供应链解决方案。

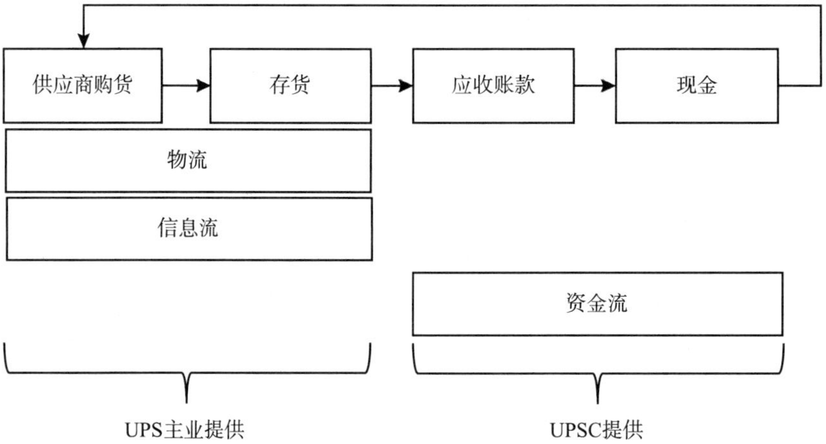

图 5－8　UPSC 的定位

2008 年金融海啸后，UPS 基于控制风险而减少投向 UPSC 的资源，UPSC 业务战略转趋保守，仅服务 UPS 优质客户（在中、美交易线的融资客户仅 350 户，占 UPS 中美交易线业务的比例不到 1%），更侧重于“从手续费盈利”。按照为主营业务提供附加值服务支撑、UPS 三流合一的闭环服务，UPSC 的产品主要有保险类、融资类和支付类三类。

（1）保险类——UPSC 业务的重点支撑。UPS 的核心业务是物流业务，保险类产品作为对物流服务的有力补充，半数物流客户会选用 UPSC 提供或中介的保险产品，物流保险产品（大型集装箱和小型包裹）占 UPSC 营业额的 50% 以上。

国际大型集装箱提供整套保险方案（运输险、财产险），需要高度的客制化方案，将运输险集合成方案性的产品。UPSC无专业能力，故采用经纪模式将其外包保险公司，UPSC赚取经纪费。如与友邦保险（AIA）达成合作协议，并在所在国也与当地保险公司（如中国平安）合作。同时，与客户签订记录经纪人（Broker of Record，BOR）合同，约束保险购买方与经纪签订保险采购中仅能通过该经纪采购，承诺寻求“最合适保险方案”，以确保客源。

小件包裹保险类型单一，且流量大、保险产品利润较高，UPSC选择自己提供保险产品赚取保费。为满足不同需要，产品可分为三类：一是基本型，理赔范围仅覆盖发票价格；二是进阶型，理赔范围包括间接性的损失，例如批发和零售的价差；三是时效型，为运送时的延迟送达进行理赔。

（2）融资类——对货物的跟踪及控制是UPSC开展融资产品的主要优势。UPS的全程物流使得UPSC全程掌握抵押物，并通过高科技实时跟踪货物，如图5－9所示，其服务的范围更广，提供比银行更有竞争力的融资产品。以银行为核心的供应链金融服务多为当地仓储货物抵押贷款和应收账款，而对于在途运输货物以及国外仓储货物涉及的贷款需求难以满足。

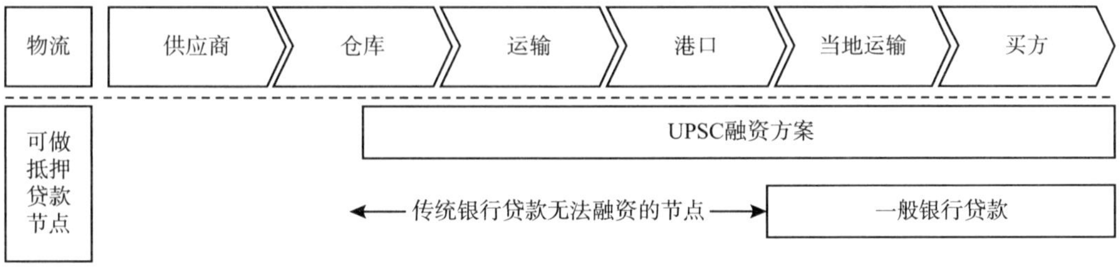

图5－9　UPSC融资服务的范围

该业务主要包括三类：一是进口贸易融资，以货品为抵押物，向下游进口企业发放一站式贷款解决方案。这类业务主要为美国企业进口中国、东南亚地区的货物而服务。二是出口贸易融资，以应收账款抵押物向上游企业发放贷款或者以货品为抵押物向下游进口企业发放贷款。三是仓储质押融资，以库存为抵押，向企业发放贷款。

UPSC在融资业务前均开展深度信用调查，严格选择融资对象，只与小部分企业合作，据统计市场上仅有25%的潜在客户可通过信用调查，最终5%的客户会选用UPSC的融资类产品。业务流程的关键点包括：第一，合作方筛选后签订融资协议。成立美国专职风控团队开展融资方调查，调查主要内容包括公司行业、财务报表、资信、银行资料、税单、UPS物流记录等。受调查影响，UPSC的业务需要时间比竞争对手长1个月左右。第二，抵押物（货物）估值后放款（由UPSC分公司汇出）。严格选择融资对象降低了业务风险，同时，将发货方发票作为在途货物的唯一估值依据（发票需要用作报关税用途，规避道德风险），并根据融资方信用，发放50%～90%运送货物的贷款。第三，偿还贷款和累积客户信用记录。在2000年进入中国市场到目前，与中国进出口关联的贸易融资还未出现过坏账。

业务过程中，UPSC在两周内把货款打给出口商，并揽下其出口清关、货运等业务获得手续费，然后UPSC与核心采购企业进行一对一结算。由于掌握货权（如利用掌握海运提单等手段实际占有货物），UPS基本不用担心违约问题。核心企业也因为不用与供应商逐个结算而节约结算成本。这就是三方共赢的过程。

（3）支付类——构建了多样化产品以满足客户的金融支付需求，提高客户黏性。该业务主要在美国国内开展，具体包括：为客户提供应收账款管理服务，如保理、还款提醒、付款方信用检测等；与第三方机构合作，为小型商户提供信用卡收单服务；提供软件自动化管理、延迟入账等货到付款（Cash on Delivery，COD）服务，但COD服务操作层面复杂度高、监管壁垒高以及利率风险高等因素，目前已经停止该业务。

3. 启示

（1）深刻了解供应链金融业务开展的难点。首先，供应链金融业务涉及的主体多，除资金方、核心企业、上下游中小企业外，还包括物流、仓储、质检等第三方服务商，因此，对信息交互的要求更高。其次，操作环节多，包括贸易背景调查、单据核实、货物定价、库存管理、支付结算、贷后管理等，这导致人工操作成本高、风险大。

（2）把握供应链金融业务开展的前提条件。包括：客户的资金需求体现在交易活动中，只有先打通交易闭环才能直接切入并提供贷款等供应链金融服务；只有交易量达到一定量级并积累了足够的数据才能更好地进行风险判断；供应链金融业务适用于生产产品标准化、需求稳定、行业体量大且产业链核心企业控制力强、与供应链成员合作关系稳定的特定行业（如石油、钢铁、煤炭、有色金属等大宗商品行业以及汽车产业）；供应链平台上有足够多的活跃采购商和供应商，具备质押物的处置能力。

（3）全面洞察供应链金融业务发展的主要趋势。包括：政策以及需求等催化下，更多的资金会流向供应链金融行业，互联网金融平台的供应链金融业务量会大幅增长，且资金来源多元化，应收账款资产证券化（Asset－Backed Securitization，ABS）的交易结构设计不断完善，交易场所从场内延伸到场外；产业互联加快发展，进入数据变现阶段，或将从货物质押到数据质押，垂直电商平台纵深发展并提供综合化的服务成为趋势；技术驱动数据共享，外部数据源和非交易数据整合将提高信贷产品设计的灵活度，资金方和资产方的信息不对称将改善；保险参与度显著提升，从贸易信用险切入的财产保险将持续发展，企业亦可通过质押保单向银行或保险公司申请应收账款融资。

资料来源：秦建国．物流企业主导供应链金融发展的 UPSC 模式及启示［R］．中华保险研究所研究报告，2019（240）．

思考题

1. UPSC 的产品主要分为哪几类？其核心业务是什么？
2. UPSC 在融资业务开展前，如何选择融资对象？

案例 5 – 3　弘信物流：服务网络拓展中的借势发力

1. 企业概述

厦门弘信国际物流有限公司（以下简称弘信物流）是专业的第三方物流服务提供商，企业立足福建和广西，逐渐在横向上拓展业务范围，在纵向上延伸业务层次，并基于物联网、云计算等信息技术，构建了以供应链运营平台为主体，以物流地产和物流金融为两翼的战略态势。弘信物流的供应链运营平台包括四方面功能：物流运作、融资结算、信息服务和方案创新，通过这四大功能为客户实现从原料采购，到仓储、品检、运输、厂内物流管理、工业地产、物流设备投资、分拨中心管理、分销、准时配送、代收货款的供应链全流程打包服务。目前，弘信物流已经成为可口可乐（中国）、嘉吉、达能、奥联、王老吉、蒙牛、达利园等国内外著名食品饮料企业的战略合作伙伴。

2. 弘信物流为 S 公司提供的供应链金融和物流整合一体化方案

我国的白糖产地非常集中，广西的产量占全国总产量的 65%，而且白糖市场供不应求，所以糖厂具有很强的议价能力，属于典型的卖方市场，下游采购方无论多么巨头的饮料公司、食品公司都处于弱势地位。美国某大型饮料公司旗下的 S 公司负责公司中国市场的供应链管理，在中国 20 多个城市都有饮料装瓶厂。

S 公司需要的白糖主要从广西的大型糖厂集中采购，但面临以下几个问题：一是处于强势地位的糖厂要求先款后货，占用了 S 公司的流动资金；二是物流环节时间长，从广西集中采购的白糖运输到全国的装瓶厂需要 10 ~ 20 天，白糖运抵 S 公司的仓库后，还需要 10 天时间对白糖进行抽样检验，如此从付款到投入生产需要花费 30 ~ 40 天；三是库容问题，每个装瓶厂为保证生产需要准备足够多的白糖库存，但装瓶厂本身的库容最多能存 7 天的用量，剩余部分要找第三方仓库寄存；四是糖厂产出白糖后，只负责保管 30 天、导致 S 公司提货仓促，经常原料采购和生产不匹配，甚至跨区对接白糖。以上这些问题都额外增加了S公司的物流管理费用。针对这些情况，弘信物流给S公司提出了一个“供应链金融和物流整合一体化方案”，该方案分三个阶段实现。

在第一阶段，主要解决供应链融资问题。首先由S公司跟弘信物流签订战略合作协议，配合弘信物流向银行提供相关材料，申请融资。采购时，S公司只需支付货款的10%，银行向弘信物流提供剩下的90%，通过弘信物流垫付给糖厂。S公司收到白糖后，向弘信物流支付剩余货款、利息以及物流服务费。弘信物流在收回货款后跟银行结算。整个流程如图5－10所示。在这个过程中，弘信物流借助S公司良好的信誉获得了银行融资，但这只帮助S公司解决了资金周转问题。

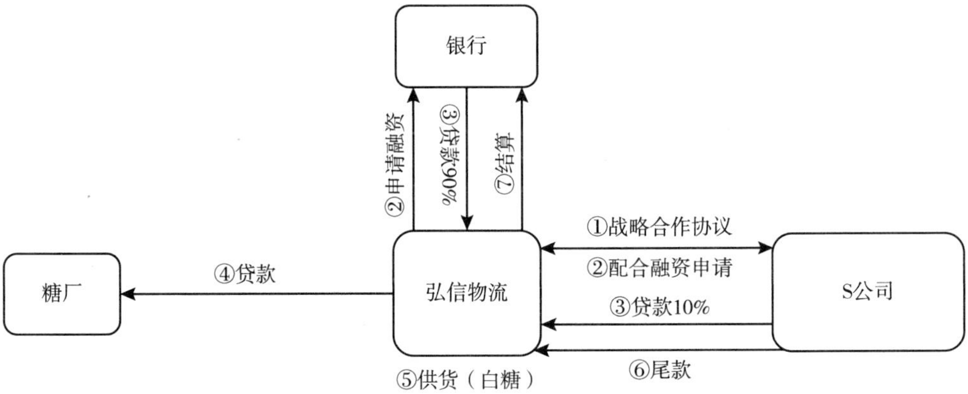

图5－10　弘信物流的供应链融资模式流程

在第二阶段，弘信物流通过建立中央仓库和检验点前移设计，节省了物流周转的费用和时间。因为白糖是从农作物里榨取的，农作物收获是季节性的，所以白糖榨取也是季节性的，行话叫榨季。S公司在每年白糖榨季前，就跟糖厂签订全年的采购量，约定在弘信物流广西租赁的中央配送仓库进行交割。因为糖厂本身也需要存放，从榨季出糖开始就往弘信物流的中央仓库送，还能节省一大笔二次装卸和短途运输的费用。白糖还是白糖，仓库还是仓库，只是交割前后的所有权发生了变化，之前归糖厂，之后归S公司，归谁谁就交保管费。另外，弘信物流在中央仓库还专门设立了白糖实验室，这样白糖在仓储的时候就完成了抽样检验，又节省了10天时间。

在第三阶段，弘信物流为降低20多个装瓶厂自备的白糖库存，在相邻的几个装瓶厂选址，设立了几个区域仓储配送中心，通过快速配送实现即时响应，这样一来，S公司只需要向弘信物流提供未来几周的用糖计划，由弘信物流实现对各个装瓶厂的快速配送，装瓶厂的白糖库存由原来的30～40天，缩短至2～3天。

经过以上三个阶段，弘信物流借助S公司的白糖采购，建立了从中央仓库到区域仓储配送的一整套物流网络，不仅帮助客户获得供应链融资，还为客户优化了整个流程，帮助客户大幅降低了物流成本、资金成本和管理成本。可以说，弘信物流是借势发力、乘风而起，通过白糖的物流配送实现了从区域物流向广域物流的变革发展。

资料来源：张钟允．读懂供应链金融［M］．北京：中国人民大学出版社，2019.

思考题

1. S公司从广西的大型糖厂集中采购白糖所面临的问题有哪些？
2. 弘信物流给S公司提出的“供应链金融和物流整合体化方案”具有什么优势？

案例5－4　菜鸟物流金融：让金融要素更好服务供应链生态

1. 企业概述

菜鸟物流金融隶属于浙江菜鸟供应链管理有限公司（以下简称菜鸟供应链），通过打通新零售仓配供应链与物流要素，以大数据风控为核心能力，专注于供应链金融产品设计及风控助贷，通过场景风控与撮合链接，为商家/物流企业提供供应链金融增值服务。菜鸟物流金融的定位是解决千万级中小电商与物流企业、物流从业人员融资需求，让每一个辛勤的物流人都能享受到便捷、可负担的融资服务。

经过近三年发展，菜鸟物流金融已推出多种针对性解决方案。包含：存货融资、预付融资、银票、跨境外币融资、车辆融资、CP保理等。菜鸟供应链成立于2012年7月4日，是菜鸟网络科技有限公司的全资子公司。

2. 市场分析

我国小微企业融资普遍存在融资渠道有限、资金量少、融资难、融资贵等问题。大多数小微企业获得资金的主要来源是通过自筹，各金融机构对小微企业的传统信用贷不到5%，小微企业常常因固定资产少、缺乏抵押物而贷款遇阻。数据显示，全国小微企业每年的资金需求量在8 000亿元以上，而实际上从金融机构获取的资金量不到1 000亿元，资金缺口巨大。而抵押、质押、担保贷款达到90%以上。同时，小微企业融资成本较高，包括贷款利息、风险保证利息、抵押物登记评估费用、抵押费用等。许多小微企业转向民间借贷，一方面利息偏高，另一方面也隐藏诸多风险。这不仅严重阻碍了中小企业的发展转型，同时也限制了整体产业链的运行效率。

天猫的品牌商，依托阿里平台，已经构建一条完整的从生产到终端消费的商业闭环。然而，大多数人不知道的是，这些品牌商的货品，尤其是国外品牌商在中国的业务架构，往往依托国内代理商打理。“新零售”要求打通商品、库存和资金等所有环节，在代理人模式下，就遭遇壁垒。如何将货品依托代理商打理背后的仓储、财务和资金信息打通，是此前商品流通领域非常缺失的一块。目前行业内的供应链金融服务，因综合风控能力有限，在消费品动产融资领域涉猎较少，市场上只有少数商家才能贷到款。菜鸟物流金融经过近三年沉淀，已经可以做到只要商家货物进仓，就可以获得贷款。

3. 解决方案

（1）商业模式。菜鸟物流金融采取打通上游品牌，提供全链路的“采购融资 + 存货融资 + 订单融资”模式，帮助中小企业解决融资难问题。

（2）产品/业务方案。一端连接金融服务机构，包括传统银行、互联网银行、信托公司、小贷、供应链金融服务商，一端连接商家、品牌商以及末端物流生态场景，另一端连接物流合作伙伴。菜鸟物流金融会提供一套技术驱动的产品解决方案，其核心是风险解决方案。同时，菜鸟物流金融也有针对物流车辆的融资、小件员群体的金融服务。这些产品全部以技术驱动为主，真正做到数字化，服务好中小企业。

（3）技术应用。供应链金融3.0时代，云计算、大数据、区块链技术的发展，引发商业模式的变革，这些变革可能会导致供应链金融更深层次的变革，更多的供应链应用场景得到构建，实现用金融技术推动智慧供应链发展，同时借助于智慧供应链运营，实现金融生态的拓展与增值，形成开放式的供应链金融生态圈。

菜鸟目前重点投入三大核心技术：一项是以大数据、人工智能为主的技术，另外两项是区块链技术和物联网技术。区块链技术加上互联网金融，今后才有可能打造21世纪数据时代、信息时代的金融体系和标准。

4. 价值提炼

以技术为支撑，打造开放协同的供应链金融服务平台，推动物流业金融的创新发展，推动商家、银行、物流、仓储之间的高效协作和协同。通过大数据驱动的智能供应链金融协同平台，为100万家中小企业提供金融服务。菜鸟物流金融正在打造一个供应链金融的协同平台，一方面希望金融机构更多参与进来，菜鸟物流金融可以作为数字银行服务小微企业的加速器，可以帮助银行机构和非营利机构进行数字化转型与变革，提升他们服务中小企业金融业务的风险管理能力。

5. 经营成果

通过将金融要素渗透供应链产业全链路，菜鸟物流金融实现全链路、统一授信管理，平台初步成型，弥补了银行原本无法渗透到企业的交易流、物流、资金流，仅能靠财务报表和实际走访了解企业经营的痛点。随着阿里巴巴新零售战略的推进，菜鸟金融平台正围绕新零售、新供应链体系，把服务范围从线上覆盖到线下，从 B2C 延伸到 B2B，借助金融技术的力量，全面服务品牌上下游的中小企业以及生态中的物流供应链企业。

6. 创新亮点

目前行业内的供应链金融服务，因综合风控能力有限，在消费品动产融资领域涉猎较少，市场上只有少数商家才能贷到款。菜鸟物流金融经过近三年时间沉淀，已经可以做到商家只要进仓，就可以获得贷款，主要具有以下创新亮点。

（1）新零售供应链金融升级："入仓即可贷"，帮助商家备战大促。

（2）提供全链条金融服务：与天猫协同，"物流 + 零售 + 金融"全链路打通菜鸟物流金融业务场景，可挖掘的细分领域非常之多。或者跟货品库存相关；或者跟车辆相关；或者跟设备相关；或者跟全球化相关，也跟新零售相关。

资料来源：万联互联网金融研究院，上海大学现代物流研究中心．中国物流金融创新实践白皮书［R］. 2019.

思考题

1. 物联网金融创新模式产品服务有哪些？
2. 针对大宗商品仓库监管解决方案由哪些构成？

第6章　电商平台主导的供应链金融

近年来，随着电商平台在供应链中的作用越发显著，以电商平台为主导的供应链金融服务为供应链中需要融资的小微企业打开了方便之门，并成为各大电商平台纷纷布局的重要领域。以阿里、京东为代表的大型线上供应链金融平台，通过整合平台线上交易数据、仓储物流、第三方支付完成了商流、信息流、物流、资金流“四流合一”的闭环，能够实现监督其交易背景的真实性、资金流向的确定性，并实现操作的封闭性以及资金的自偿性。

6.1　概　　述

电商平台主导的供应链金融模式是指依托具备完整的采购、运输、销售、资金体系的电商平台，为供应链中的中小微企业提供金融服务的模式。该模式下，没有核心企业，也没有货物的质押过程。资金方依据中小微企业在供应链网络中的采购体系、资金流体系综合分析，从而提供资金服务，这是一种较为新型的基于供应链体系而拓展的金融服务。

6.1.1　电商平台主导的供应链金融模式

电商平台主导的供应链金融模式所需要素一般主要包括电商平台、有融资需求的供应链小微企业、金融机构、供应链核心企业及物流企业等，如图6－1所示。各要素主体在该供应链金融模式中的作用各不相同，各方相互合作促进供应链金融服务的顺利运行。其中，电商平台是该供应链金融模式运行的基础，在供应链中处于重要地位。电商平台主要依托于互联网和大数据提供两方面的服务：一是收集基础交易数据和其他相关数据；二是汇集资金。

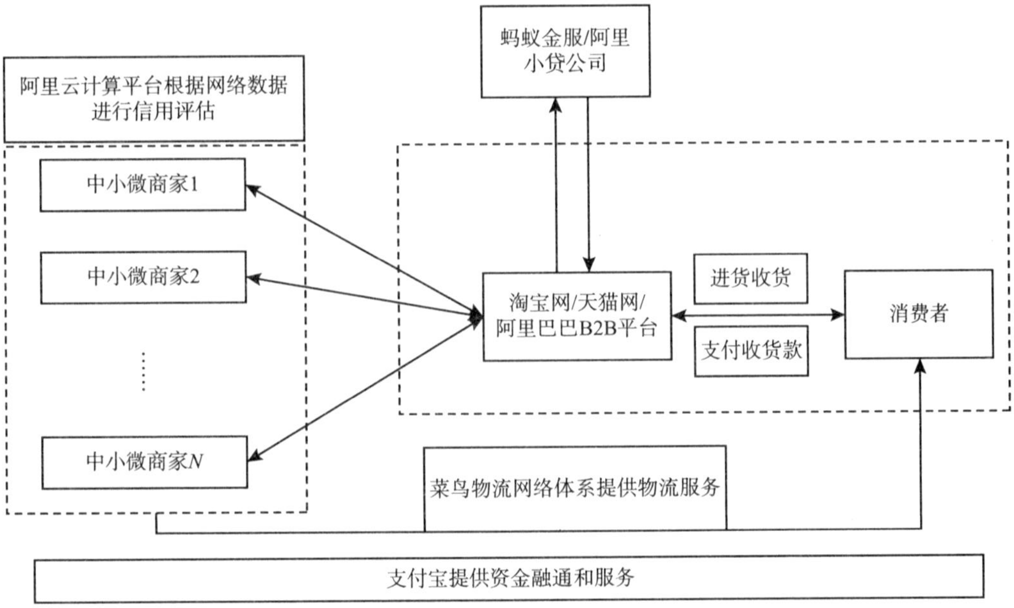

图 6－1　电商平台主导的供应链金融模式——以阿里巴巴为例

6.1.2　电商平台供应链金融的主要产品

电商平台供应链金融的主要产品包括信用贷款融资模式、应收账款融资模式、电子订单融资模式、仓单质押融资模式。

1. 基于电商平台的信用贷款融资模式

一般而言，基于小微企业自身所存在的一些缺陷，小微企业是难以获得信用贷款的。而在电商平台深度参与的供应链中，电商平台自身作为供应链中的重要组成部分，掌握着供应链中小微企业在平台交易后留下的所有交易数据，而这些数据可以较好地反映企业的经营状况、还款能力、成长性等动态信息。因此，电商平台可以基于自身的云计算和大数据技术，充分利用这些交易大数据得出小微企业的信用评级，然后由与电商平台合作的金融机构或电商平台下属金融平台依照该企业的信用等级确定放贷额度。与传统的供应链金融模式相比，该融资模式的信用评级结果不仅更为真实可靠，而且运作效率更高，能大大缩短供应链中小微企业的融资周期。

2. 基于电商平台的应收账款融资模式

随着市场竞争日趋激烈，赊销现象在企业商业交易中普遍存在，而基于电商平台的赊销便会衍生出应收账款。如果购货商长期拖欠货款，对于供货商而言则相当于其无偿地占用了自身的资金，从而会提高供货商的运营成本。因此，如何充分利用应收账款来促进供货商资金的回笼成为供应链金融服务的主流思路之一。在电商平台深度参与的供应链中，供货商将与购货商（一般为大型核心企业）交易形成的应收账款质押给电商平台，然后由电商平台将通过单据和资质审查的供应商推荐给合作的金融机构或下属金融平台，进而由合作金融机构或下属金融平台为供货商提供贷款。应收账款融资模式将应收账款这一静态资产转化为动态资产，充分利用了电商平台的信用实力及其对供应链的管理能力，避免了信息不对称，降低了融资风险，提高了融资效率，促进了供应链的高效运作，实现了各方的共赢。

3. 基于电商平台的电子订单融资模式

小微企业由于资金有限，在经营过程中时常会遇到有良好贸易关系的购货商发来采购订单，却因临时资金周转困难而放弃订单的情况。然而，在电商平台深度参与的供应链中，可以充分利用电子订单融资模式来解决此种情况，从而保证交易的正常进行。在基于电商平台的电子订单融资模式下，供货商与购货商（一般为大型核心企业）在电商平台上签订电子订单，然后在尚未履行交货义务的情况下，利用电子订单通过电商平台向电商平台合作金融机构或下属金融平台申请贷款，然后由电商平台将通过订单和资质审核的供货商名单推荐给这些资金供给方，进而由资金供给方为供货商提供贷款，供货商便可利用贷款组织生产并履行交货义务。除可为供应商提供融资服务之外，电子订单融资模式也适用于购货商因资金短缺而产生融资需求的情况。

4. 基于电商平台的仓单质押融资模式

一般电商把自身的货物存放到第三方物流仓库中，向金融机构申请抵押贷款，这种融资模式为仓单质押融资模式。电商平台通过组建“区块链数字仓单平台”，对传统的动产质押进行升级。首先，对比传统纸质仓单，区块链数字仓单平台率先实现了数字仓单与仓储货物严格对应，并利用物联网技术对数字仓单下货物进行严密监控，有仓单即有货；其次，平台解决了货物交付难题，可实现秒交付、秒质押，解决了“四流合一”难题；最后，通过区块链技术进行存证，数据不可篡改，保证数据唯一性，可溯源，大幅提升行业信用水平。电商平台通过区块链数字仓单平台可实现对仓储数据透明化、押品数量和货值的动态监控，从而降低链上企业获取融资的难度、操作成本和资金成本。

6.2　电商平台主导供应链金融的优势与劣势

6.2.1　电商平台主导供应链金融的优势

大型电商平台，通过整合平台线上交易数据、仓储物流、第三方支付完成了商流、信息流、物流、资金流“四流合一”的完美闭环，在供应链金融领域具有先天优势。

（1）提高供应链融资效率。作为连接供应商和商户的桥梁，电商平台在商流、信息流、物流、资金流方面的优势可以使之更好地掌握各方的账期风险，并可以通过订单融资、预付融资、存货融资、预收款融资等多种方式提供供应链金融服务。

（2）精准定位企业客户。有统计显示，中国中小企业平均生存期限不足3年。中小企业平均经营历史较短，数据信息不足，信息不对称是导致中小企业融资难的主要因素。电商平台供应链金融依靠庞大的上下游客户资源以及由此形成的海量交易信息，有助于筛选出经营状况良好的企业，可以从源头上降低融资风险，并且可以大幅降低客户筛选成本。

（3）全面实施企业贷中动态监管。一方面，大型电商平台通过不断积累和挖掘交易行为数据，分析、归纳平台商家的经营与信用特征，可以更有效地判断企业偿债能力，进一步确保贸易自偿性。交易行为数据和企业财务报表的交叉验证有助于全方面审视企业的经营情况和发展潜力。另一方面，大型电商平台通过整合平台交易的仓储物流服务，从存货入仓到交付至消费者，可以实现对质押物的全程掌控，一旦出现商户违约情况，可以快速锁定冻结质押物，尽可能地避免损失。

（4）存货准入和处置以及风险管理独具优势。供应链金融具有自偿性特征，可以最大限度避免风险。电商平台对存货历史交易数据的分析有助于对存货进行公允定价，保证贸易自偿性。电商平台海量的交易数据可以有助于评估存货的市场需求，限定准入存货规模上限，避免集中度风险，从而进一步保证准入存货的处置价值。电商平台通过其掌握的众多供应商和商家的经营数据，可以快速锁定存货需求方，拓宽处置渠道。此外，大型电商平台通过第三方支付平台可以实现对交易保证金的优先受偿，实现对融资企业存货融资资金的监管闭环，进一步降低风险。

6.2.2 电商平台主导供应链金融的劣势

电商平台主导供应链金融主要具有以下几个方面的劣势。

（1）对于体系外风险控制的局限。电商平台开展供应链金融风险控制能力是有限的。一般电商平台只能基于自身业务范围所触及的范围提供服务。例如，阿里生态中的企业，可能也是京东平台上的企业。这使得他们只能看到这些企业在自己体系内的交易数据，而无法捕捉到与其他企业的交易数据，使得风险无法形成闭环，体系外的风险无法监测和预判。

（2）虚假信息带来的风险。市场上部分所谓的应收账款融资，资金方得到应收账款发票确实是真的，但可能是因电商在平台刷流水产生，其真实性难以识别。随着金融科技的发展，区块链或许能解决应收账款凭证真实性的问题。

6.3 电商平台主导供应链金融的发展类型

在以价值为基础的供应链网络中，不同的电商平台会根据自己身处领域的特征，采用不同的服务模式。根据供应链中不同的交易环境，电商平台大致分为三类：2C 的销售型电商平台、2B 的采购型电商平台、2BC 的整合型电商平台。相应地，电商平台供应链金融的服务模式也大致分为三类：销售型电商平台的供应链金融服务、采购型电商平台的供应链金融服务、整合型电商平台的供应链金融服务。

销售型电商平台不仅面向消费者，还面向提供产品的上游供应商，销售型电商平台开展供应链金融服务时，关注重点是成品在供给和分销过程中的资金需求；采购型电商平台让生产企业的原料采购更加动态、高效，采购型电商平台开展供应链金融服务时，关注重点是产业上下游采购过程中的资金需求；整合型电商平台涵盖了从原料采购到成品销售的全过程，以及过程中的配套服务，相对于前两者，整合型电商平台如果开展供应链金融服务，需要关注从产业上下游到消费终端的整体价值诉求。

6.3.1　销售型电商平台的供应链金融

销售型电商平台是通过互联网和信息技术，围绕消费者对产品和服务的需求，开展的交易活动。比如在美团上订外卖、在滴滴上约车、在携程上订机票、在淘宝上买衣服等。但美团、滴滴、携程、淘宝都只是电商平台，它们自己不生产产品，只是提供一种交易平台（以及交易监督机制），消费者和商家在平台上进行交易。这类电商平台可算作销售型平台，一方面向下游的消费者提供服务，另一方面向商家或者供应商提供服务。

销售型电商平台的商家或供应商基本都是中小微企业，它们在运营的过程中经常会面临资金短缺的问题，这也正是销售型电商平台开展供应链金融服务的市场基础。销售型电商平台不仅提供了虚拟的交易场所，而且还掌握着商家大量的交易、物流、资金、信用等各方面的数据，对自家平台上的用户比较了解，所以，面对这些线上的中小微企业，电商平台一般是开展供应链金融的核心角色。

6.3.2　采购型电商平台的供应链金融

采购型电商平台是针对特定产业中的原料（包括零部件）销售，以及相关的生产性服务来开展业务，比如饮料企业采购白糖、钢铁企业采购煤炭、汽车企业采购钢材等。采购型电商平台专门针对某一行业的上下游交易，通过搭建交易平台（以及交易监督机制），整合行业内的物流、资金流和信息流，对供应链进行全程管理。

采购型电商平台为供应链上下游提供虚拟的交易场所。平台的功能要满足面向整个网络的服务，平台的用户都是行内相对独立的主体，大家本着你情我愿、互利双赢的原则进行交易。在此基础上，电商平台通过互联网和信息技术，将供应链上下游的交易、物流、金融等业务流程汇集起来，建立起行业内的多层次平台，为供应中的交易双方提供金融服务。

6.3.3　整合型电商平台的供应链金融

整合型电商就是把供应链中的供应商、生产商、经销商和消费者全面整合到一起，实现从创造价值到实现价值的过程。跟前两者相比，整合型电商平台的运营范围更加广泛，通过其互联网和信息技术，面向大众销售和专业采购的平台运营能力，以及良好的物流、资金、信息等服务管理系统，大大地缩短了整个流程，降低了成本，实现了资源的有效利用。

整合型电商平台通过内部不同部门之间的分工协作，某种意义上可以看作是对供应链关系的一种重构。因此，整合型电商平台的供应链金融服务，面向的是产品从生产到销售全过程中的资金融通，业务基础是包括中小企业、金融机构、第三方物流等各方主体在内的供应链商业生态。当前，国内只有极少数的电商平台有能力开展这种供应链金融业务，阿里巴巴算作其中一例。

精选案例

案例 6－1　京东为上游供应商提供融资服务

凭借电商平台和物流体系覆盖的产业链，京东形成了基于商品采购、销售和物流等多个环节的供应链业务，并不断将金融业务向上游的制造、研发等环节延伸。而开展这些金融业务最重要的前提，就是京东拥有的海量在线用户，以及所掌握的大量真实交易数据，通过对这些数据的分析，京东开发出了具有针对性的融资业务，资金来源除了与金融机构合作，还包括京东的自有资金。

1. 主要的融资形式

京东主要的融资形式包括订单融资、入库单融资、应收账款融资和京保贝等。

（1）订单融资。京东针对自营商品向供应商发出采购订单时，协助银行一起向供应商提供采购、生产、装运等环节所需资金。该模式主要是面向履约能力强、信誉良好的供应商，并且产品的市场价格平稳、保质期较长。也就是说，京东不但向供应商采购，还帮助供应商在生产中获得融资。这样使京东的供应商解决了资金短期的后顾之忧，可以专心开展生产，并缩短了整个供应链的贸易周期。

京东的订单融资流程主要包括以下几个步骤，如图 6－2 所示。首先，京东向供应商下采购订单后，京东与银行和供应商签订一个三方协议，这样供应商凭借京东的采购合同，就能向银行提出融资申请；其次，京东配合供应商，把订单以及其他相关信息传递给银行，银行在信用审核的基础上，向供应商提供资金；最后，由京东与银行结算。

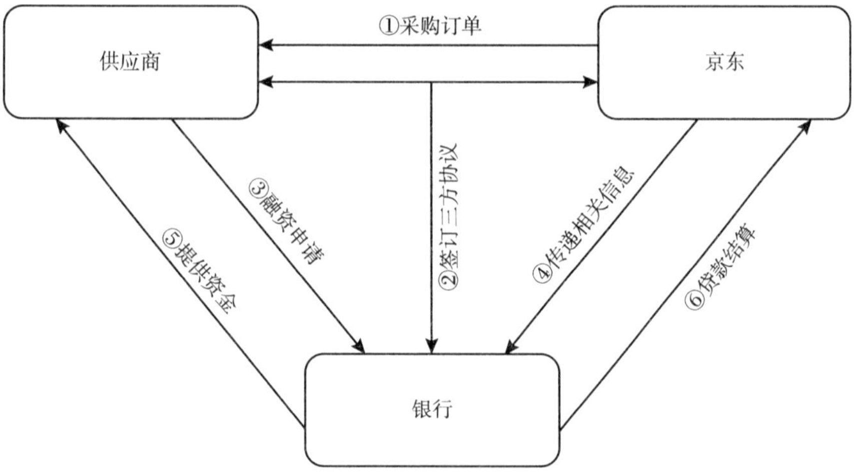

图6-2 京东的订单融资流程

（2）入库单融资。该模式是以进入京东库存的入库单、仓单等货权凭证为质押，为供应商提供融资。该模式充分利用了京东的物流优势，可使供应商共享京东的授信，并且放款快捷，短时间就能获得银行融资，因此比较适合商品价值平稳并急需资金的中小供应商，帮它们盘活库存。

京东的入库单融资流程如图6-3所示。首先，京东与银行签订协议，银行同意为供应商提供库存融资。其次，供应商把商品转入京东的库存，并且向银行提出融资请求。此时，虽然商品存入京东的仓库，但是供应商把货权转让给银行，并以此从银行那里获得融资借贷。最后，京东售出这些库存商品之后，再与银行结算。

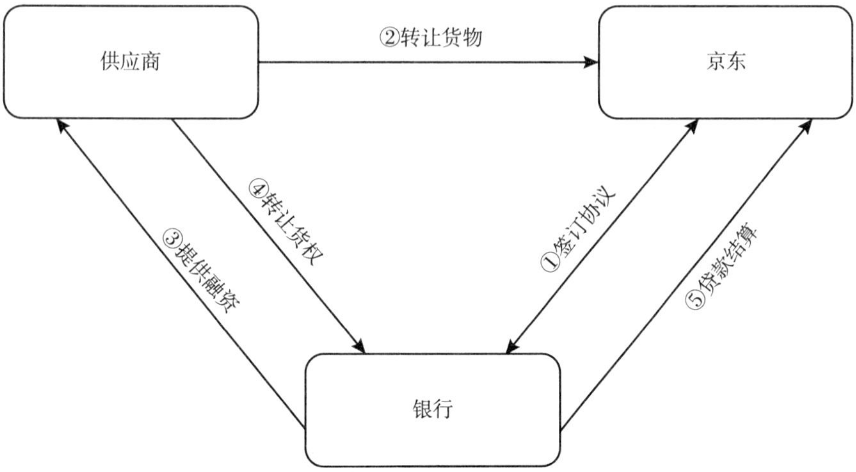

图6-3 京东的入库单融资流程

(3) 应收账款融资。该模式下，京东帮助供应商把对京东的应收账款的债权转让给银行，或质押给其他金融机构获得融资。这种模式无须取得银行授信，能加快销售资金回笼，并优化资产结构，主要针对没有银行授信或急需流动资金的中小供应商、有优化报表需求的大型供应商以及账期时间较长的供应商。

京东的应收账款融资流程如图6-4所示。首先，京东与供应商签订采购合同，形成供应商对京东的应收账款；其次，由京东向银行推介合适的供应商，京东、供应商和银行签订三方协议；在此基础上，供应商向京东和银行提出融资需求，京东配合将应收账款的信息传递给银行，并且作出日后支付的承诺，银行向供应商提供融资；最后，在约定时间京东和银行进行结算。

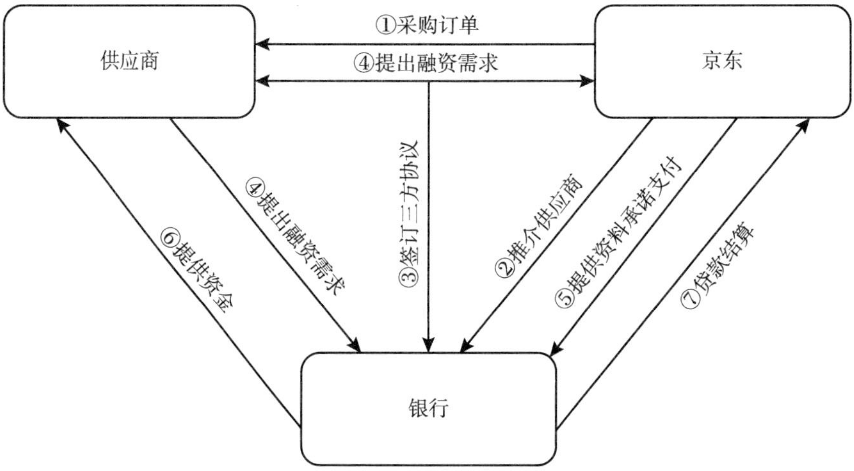

图6-4 京东的应收账款融资流程

以上几种融资形式的资金一般来源于与京东合作的金融机构。除此之外，京东还会利用自有资金开展供应链融资业务。这些融资业务是京东根据自身的电商平台优势，创立的一种创新性的供应链金融服务，由京东旗下的京东金融负责具体事宜。京东金融是隶属于京东集团的子集团，旗下包括保理公司、小贷公司等。2013年，京东金融开始独立运营，依托于京东的平台逐渐发展出供应链金融、消费金融、财富管理、支付、众筹、保险和证券7个板块，陆续推出京保贝、白条、小金库、网银钱包、京小贷、产品众筹和股权众筹（现改称私募股权融资）、小白理财等产品（见图6-5）。

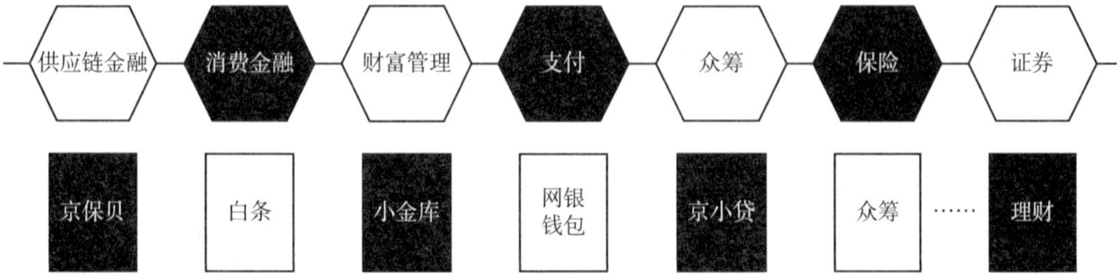

图6-5　京东金融的金融服务框架

（4）京保贝。2013年京保贝上线，主要为中小企业供应商提供融资服务。京保贝的融资款项来源于京东的自有资金，随借随贷，无须抵押担保，贷款额度是京东根据与对象供应商长期的交易数据和物流数据计算而来，相当于为供应商提供了一个授信额度，主要是帮助供应商解决采购、运营中的流动资金问题。

京保贝融资流程如图6-6所示。首先，京东跟供应商之间签订贸易协议，形成稳定的合作关系，并且要有长期良好的交易记录。其次，供应商向京东金融提交融资的申请材料，基于申请材料和以往的交易数据、物流数据，京东金融的电子系统会计算出一个融资额度，然后把该额度报给京东确认。再次，供应商在线向京东金融申请融资，系统自动处理审批，并且在额度范围内放款。最后，京东完成销售后跟京东金融自动结算还款。该模式比前面几种更加灵活，不用牵扯到第三方金融机构。

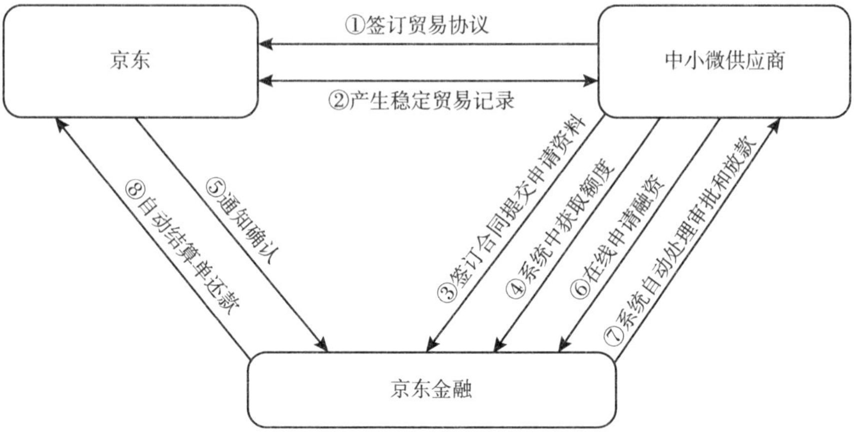

图6-6　京保贝融资流程

2. 京东动产融资的风险控制

动产融资原属于大宗质押，大宗商品由于价格波动较大，导致融资充斥了各种风险；而消费品的动产融资由于很难估价，一直发展很慢。近年来随着大宗商品价格走低和行业信用的恶化，金融机构沿用多年的仓单质押、互联互保等融资模式的认可度越来越低，我国的动产融资业务随即也经历着阵痛。但中小微企业仍有着旺盛的融资需求，其70%以上的资产都是存货等动产。

由于京东的电商平台上积累了海量且细致的商品交易数据，以这些数据为基础再引进一些外部第三方数据，就可以测算出这些商品的价值，解决原来银行等金融机构解决不了的问题。京东金融的动产融资正是利用大数据和计算模型，可以自动评估商品价值，并有效地控制市场风险和操作风险，从底层设计上冲破了传统模式的桎梏。具体包括以下解决办法。

（1）面对业内“电商刷单”问题，京东金融与有“互联网+”特点的仓配企业结合，实现了交易的全程可追溯。京东金融将企业的销售数据和仓库数据进行自动配对检验，两者数据统一才被视为真实销售，从而有效规避信用风险和诈骗风险。

（2）面对质押货物的价值评估问题，京东通过海量的最小存货单位（Stock Keeping Unit，SKU）数据，可以获得产品的价格曲线、产品生命周期等数据，从而作出商品的折扣预测，以及几个月后的商品价格走势，实现质押率计算的自动化。

（3）面对质押货物的真伪和质量问题，因为每一个货物都是在供应链链条上流动的，流动的环节越多，数据造假的可能性就会越大，京东的仓内数据和销售最上游数据可以大大提高对货品真伪、质量的把控。再加上从第三方获取的数据，进行颇为复杂的交叉验证关系，使造假数据无处藏身。

（4）面对质押货物的流动问题，为了“不把货压死”，京东通过动态置换系统，自动抓取供应商重新补进来的SKU，生成一张新的质押清单，做到质押清单的无缝替换，卖得快的货就少质押点，卖得慢的货就多质押点，一旦质押品即将卖完，系统可以随时提示客户补货。通过质押商品的动态替换，释放高速流转的货物，满足企业正常经营需求。

资料来源：张钟允．读懂供应链金融［M］. 北京：中国人民大学出版社，2019.

思考题

1. 京东如何为上游供应商提供融资服务？
2. 电商平台供应链金融具有哪些优势？

案例6－2　中石化易派客供应链金融

1. 企业概况

中国石化作为我国特大型央企，是国内最大的成品油和石化产品供应商，公司规模庞大，业务条线众多，资金实力雄厚。作为石化领域的核心企业集团，中石化与上下游中小企业业务往来众多，资金流动频繁。为了充分发挥集团企业的辐射带动作用，便于日常业务开展，同时帮助相关中小企业解决资金困难，中石化于2015年4月成立了易派客平台。该平台整合创新产业链、供应链、服务链多个链条，上线后秉持“让采购更专业”的核心理念，针对以供应链核心企业的需求为基础的电商新模式（Supply Chain to Business，SC2B），推出了基于各链条上广大关联方企业的供应链金融服务，特别为相关中小微企业提供融资服务，解决其资金周转困难问题。同时，平台深度挖掘供应链内在核心价值，通过实践探索出“纵向贯通产业链、横向融通供应链、金融助通资金链、多向打通业务链、嫁接联通制造链、合作互通贸易链”的商业运营模式。

供应链金融业务作为易派客平台重要业务之一，旨在扶持关联方企业发展，解决企业资金周转困难，降低企业融资成本，提高企业融资效率。目前，业务依托中石化强大的信用能力和支付能力，依托物资采购的管理系统和信息系统，向银行提供供应商管理数据、交易数据、应付账款数据等信息，帮助供应商向银行申请融资，提供增信支持。

2. 易派客供应链金融平台主要产品

易派客作为专业化工业电子商务平台，主要提供工业品采购、线上交易等服务，同时为了满足上下游企业的资金融通需求，推出了供应链金融服务通道。平台提供的供应链金融产品主要为商业保理和订单融资两种，需求者可以线上直接申请，通过审核后快速获得融资。

（1）商业保理业务。商业保理指供应商与采购商订立销售合同，然后将合同所产生的应收账款转让给商业保理公司，由其为供应商提供应收账款融资。中石化企业发生采购业务时，供应商向其交货并验收合格，之后需要融资的供应商向易派客商业保理公司提出申请，易派客商业保理公司为其提供有追索权的融资服务，融资比一般为应收账款的70%～80%。

商业保理业务主要涉及供应商和易派客保理公司，供应商提出保理业务申请，易派客保理公司审核通过后，发放融资款，具体流程如图6－7所示。

商业保理的优势体现在几个方面，主要包括：应收账款提前变现，缓解流动性压力；改善企业财务报表，优化企业资产结构；提高资金周转率，扩大销售规模；促进规模经济效益，降低生产成本。

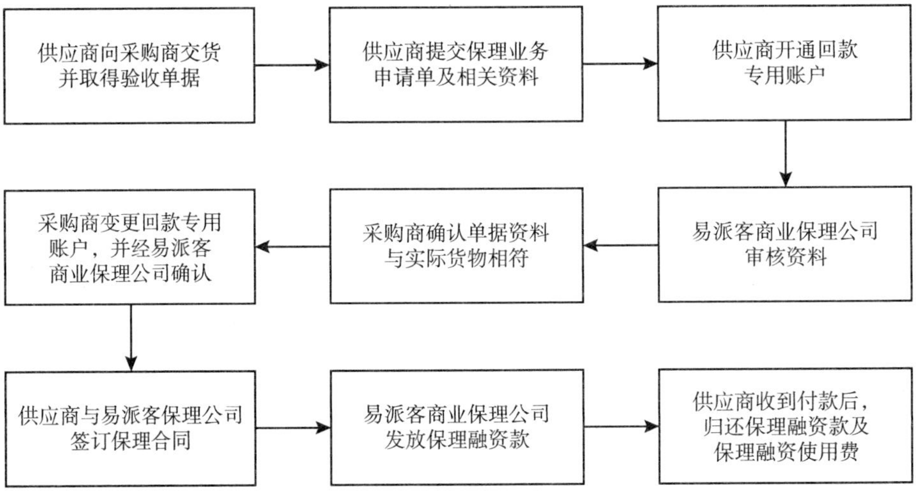

图 6-7　保理业务操作流程

(2) 订单融资业务。易派客平台与银行合作，为供应商提供融资服务。易派客平台向银行提供数据，当供应商向银行申请融资时，银行可以如实了解供应商与中石化的交易情况，减少授信申请资料提交，较少担保、抵押，从而提高银行审核效率和授信额度，为供应商提供便利。

融资申请人在易派客平台注册并通过身份验证，即可进行融资申请。需要供应商在线提出申请，易派客平台收集信息向合作银行提交，经过银行审核通过后，即可获得授信额度。订单融资业务申请具体流程如图 6-8 所示。

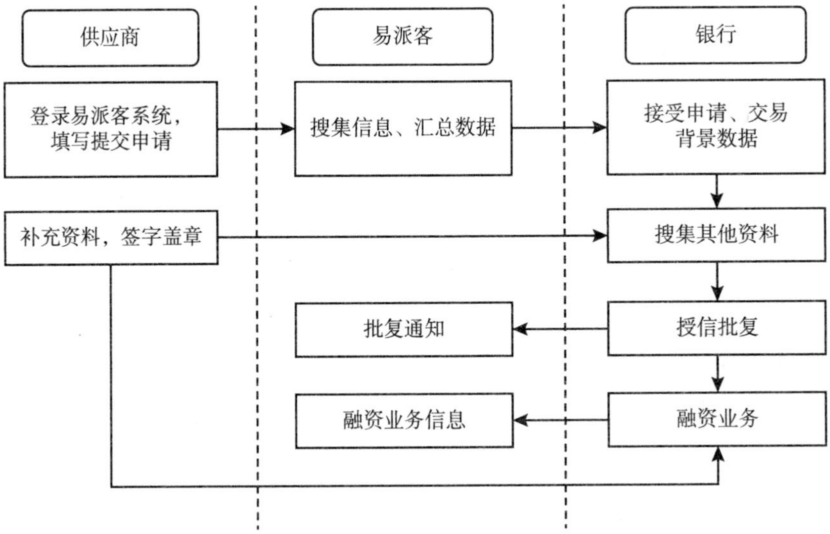

图 6-8　订单融资业务申请流程

易派客供应链金融业务主要面向供应商，为供应商提供商业保理和订单融资业务。其中商业保理业务基于供求双方所签产品合同，融资中涉及供应商和易派客保理公司两方。当供应商提交申请后，易派客保理公司进行审核，通过后发放融资款，若到期采购方未付款，保理公司有追索权。而在订单融资业务中，易派客平台扮演着类似于中介的角色，供应商首先登录平台提交申请，平台汇总后提交银行，银行审核通过后给予放款。

资料来源：武传德，吴立，朱辉，潘晓婷，刘嫣然．核心企业主导模式下供应链金融平台分析——以中石化易派客平台为例［J］．现代商业，2018（30）：80－81.

思考题

1. 中石化易派客供应链金融平台推出了哪些金融服务？各自的流程是什么？
2. 中石化易派客供应链金融模式涉及哪些参与主体？

案例 6－3　整合型电商平台供应链金融

阿里巴巴，诞生于 1999 年，最初是由马云在杭州一手创办的 B2B 在线交易平台，目前，阿里巴巴是中国第一大、世界第二大互联网公司，集团总部设在香港，中国内地总部设在杭州，在北京、上海、浙江、山东、江苏、福建、广东等地设立分公司及办事处，并在美国硅谷、伦敦等地设立分支机构。

1. 阿里巴巴的电子商务生态

阿里巴巴的电商业务几乎涵盖了供应链交易的每个环节，包括阿里巴巴国际交易市场、1688 网站，淘宝网、支付宝、阿里妈妈、天猫、全球速卖通、阿里云、菜鸟网络、蚂蚁金服等，见表 6－1。

表 6－1　　阿里巴巴主要业务板块构成

业务板块	创建年份	主营业务
阿里巴巴国际交易市场	1999	集团最先创立的业务，目前是全球领先的批发贸易平台。平台上的卖家一般是从事进口业务的国际代理商、批发商、零售商及中小企业，该平台为用户提供通关、退税、贸易融资和物流等进出口供应链服务
1688 网站	1999	领先的在线批发采购平台，涵盖了服装、电子产品、原材料、工业零部件、农产品、化工产品等多个行业的用户交易
淘宝网	2003	多元化、方便快捷的消费终端的电商平台，通过大数据分析为消费者提供既有参与感又具有个性化的购物体验，商家主要是个体和小微企业

续表

业务板块	创建年份	主营业务
支付宝	2004	面向国内的电商市场，提供基于中介的安全交易服务
阿里妈妈	2007	为阿里集团旗下交易平台上的卖家，提供PC端和移动端的广告投放和营销服务的技术服务平台
天猫	2008	为消费者提供优质消费品的选购和体验，多个国内外的品牌及零售商在天猫上开设店铺
全球速卖通	2008	面对全球消费者设立的零售电商平台，世界各地的消费者都可以通过该平台，直接以批发价从中国购买不同的产品
阿里云	2009	开发具有高度可扩展性的云计算与数据管理平台
菜鸟网络	2013	阿里旗下销售的物流数据平台，运用物流合作伙伴的产能，致力于满足中国电商领域在物流方面的需求
蚂蚁金服	2014	在支付宝的基础上创建起来，为集团旗下平台上的小微企业和个人消费者提供普惠金融服务，主要业务包括支付宝、余额宝、招财宝、蚂蚁聚宝、网商银行、蚂蚁花呗、芝麻信用等板块

阿里的这些业务板块，并非各自独立的多元化经营，相互之间有很强的协同效应，是一个围绕着电子商务打造的产业链网络，阿里可以通过这些相互协同的业务构建一个电子商务生态。因此，阿里可以通过它多个平台上的海量数据对平台上面的企业和个人进行信用评估，根据评估结果提供小贷服务。

2. 主要的金融服务类型

总体来说，阿里巴巴提供的小贷服务主要有以下两类，如图6-9所示。

(1) 自有资金贷款。这类贷款门槛低、额度小、操作灵活。比如淘宝小贷是淘宝卖家凭借“卖家已发货”的订单就可以向阿里申请，也就是卖家发货了，阿里先替买家垫付货款，买家付的钱先放在支付宝上，等买家确认收货了，这个钱就归阿里了。还有一种是阿里小贷，跟淘宝小贷差不多，区别是前者2B，后者2C，这种贷款可以完全无担保、无抵押，凭借在交易平台上长期的交易数据形成的信用，是一种纯粹的信用贷款。

(2) 银行资金贷款。这类贷款门槛高、额度大，需要企业年销售额500万元以上，经营时间两年以上，并对企业所在的地域也有限制。但是这类贷款同样不用抵押担保，而且可以随借随还，节省不必要的利息支出。

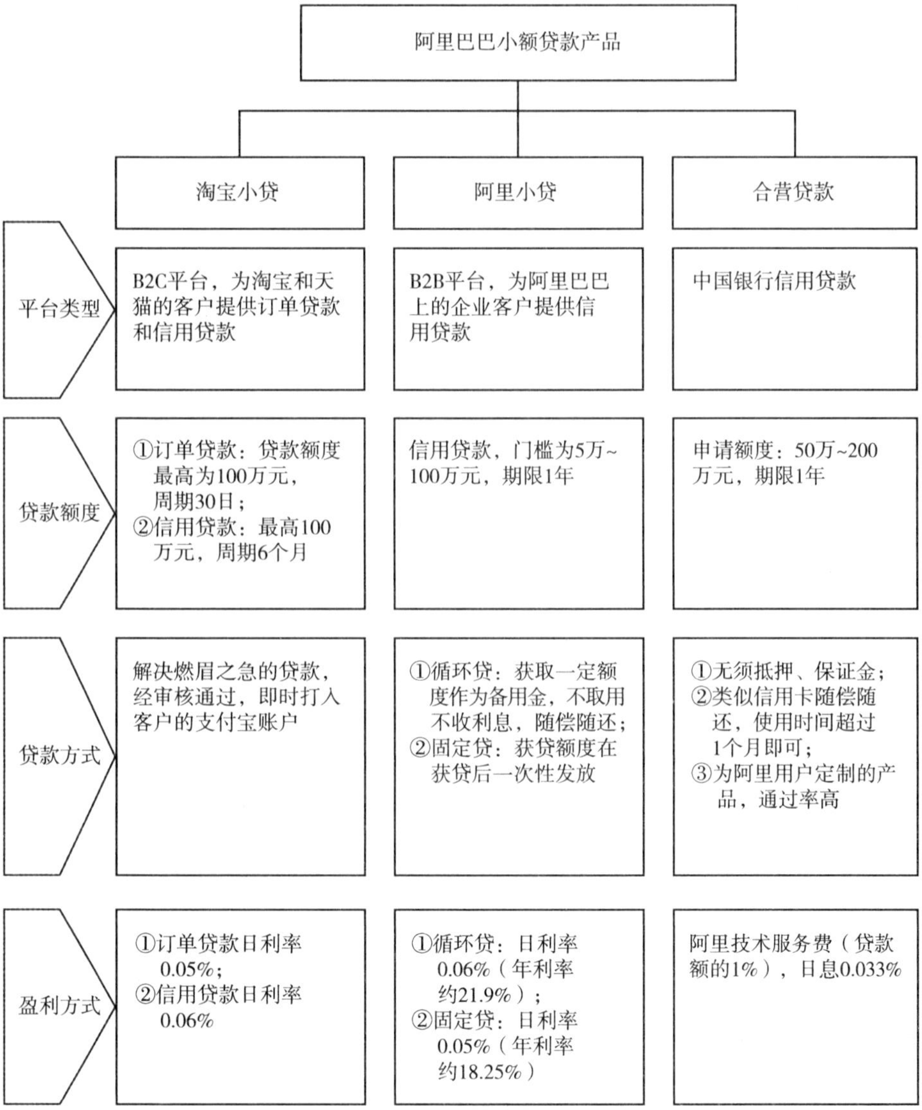

图 6－9　阿里巴巴的小额贷款产品结构

正是因为阿里的业务几乎涵盖电子商务的每个角落，所以它的融资风控可以分别在贷前、贷中和贷后三个阶段进行。贷前阶段根据用户在平台上的各种数据，预测用户的还款能力；贷中阶段通过支付宝和阿里云，对卖家的交易状况和现金流进行实时监控；贷后阶段通过监控和账号关停，提高赖账不还卖家的违约成本，形成一种履约的监督机制。

近几年阿里在蚂蚁金服的基础上，已经推出了多种多样的融资服务模式，这些融资服务在提高自身收益的同时，使整条供应链得到优化，促进了 B2B 和 B2C 电商的发展。

在电商领域，金融服务的概念经常被混淆。从交易的本质来看，可以叫作供应链金融；从交易的背景来看，又可以叫作互联网金融。信息技术带来了商业革命，改变了供应链上下游交易的模式，所以，基于互联网开展的供应链金融，绝对会是未来发展的趋势。

资料来源：张钟允．读懂供应链金融［M］．北京：中国人民大学出版社，2019.

思考题

1. 试分析整合型电商平台如何提升部门间的分工协作效率？
2. 阿里巴巴的业务板块具有哪种独特优势？

第 7 章　金融科技公司主导的供应链金融

随着信息技术在金融、产业、物流等领域愈发深入的应用，信息协同型供应链金融开始浮出水面。该模式下，金融科技公司通过领先的信息技术和供应链解决方案，成为联系各方的重要服务纽带。

7.1 概　述

近年来，以大数据、云计算、区块链、物联网及人工智能等技术为代表的金融科技，加速应用到供应链金融中，通过区块链登记、企业画像、关联交易分析、智能化识别等方式，在推动信息公开、风险识别等方面精准发力，有效降低了供应链金融的风险和交易成本，全链条、全流程的供应链金融服务效率得到显著提升。

7.1.1 模式简析

金融科技公司本身是大企业经营管理的辅助方，在长期的经营中逐渐与核心企业建立起良好的信任关系，并且在系统中沉淀了丰富的有价值的企业经营数据，因此在这一基础上切入供应链金融领域，通过拥有的客户信息优势以及行业知名度为上下游企业提供融资服务及其他相关金融服务。

金融科技公司主导的供应链金融模式如图 7 - 1 所示。

金融科技公司通过凭借企业资源计划（Enterprise Resource Planning，ERP）系统云平台能够较为便捷地获取供应链上各企业的进销存等信息，通过整合信息流进而切入供应链领域；同时，在未来的数据资产时代，科技公司可以与征信机构以及金融机构信贷风控等外部系统对接，进一步构建供应链金融生态圈。

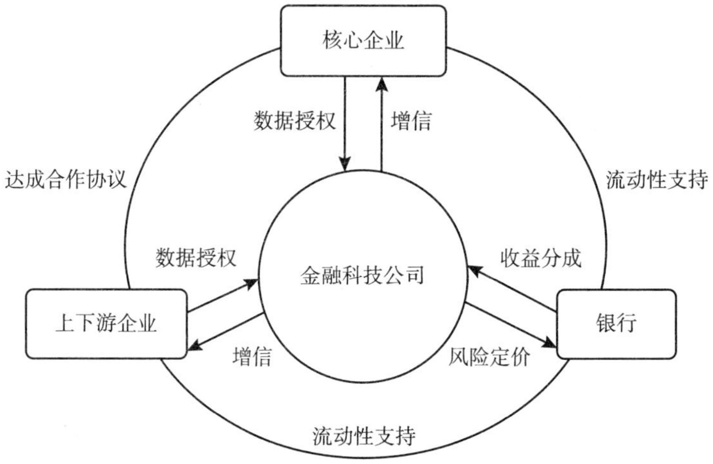

图 7－1　金融科技公司主导的供应链金融模式

7.1.2　金融科技公司推动供应链金融的作用

从当前市场发展现状和趋势看，金融科技公司对供应链金融的赋能主要表现在以下几个方面。

（1）推动交易场景数据化。缺乏良好的标准化、电子化、可流转、安全签章的电子票据，就无法实现供应链金融业务流程的顺畅管理。科技公司通过与供应链金融场景深度融合，实现税票、仓单等环节的数据化、网络化，实现对供应链各个环节交易场景的全过程数据化，为供应链金融的快速发展奠定数据基础。

（2）促进交易过程可视化。通过把整个供应链金融交易的过程链条可视化，包括真实交易场景的还原，交易资产的持续监控，相关参与主体之间的信息不对称和信任成本大幅降低，科技公司可以发挥重要的信用传递媒介作用，提高各类贸易、融资主体之间的信任度。其中，物联网与供应链金融的结合主要是通过传感技术、导航技术、定位技术等方式，在仓储和货运环节实现网络化、可视化，动态管理交易过程，提高终端交易的真实性，并能实现及时预警。通过利用区块链技术可追溯、难以篡改和共识机制等特点，在供应链金融交易中运用区块链技术，可显著降低供应链交易中的验证成本，进一步提升交易透明度。

（3）助推供应链条智能化。通过运用人工智能技术的机器视觉、文字识别和自然语言处理等技术，可以实现票据自动识别、智能化信息提取和归档，有助于解决票据的真实性问题，在降低人工操作道德风险的同时，也可以有效提高贸易和融资服务效率。人工智能和大数据平台通过对供应链数据、企业数据、市场数据以及金融机构数据进行深度分析与实时计算监测，使得金融机构能够及时获取企业资金需求，并精准识别企业经营状况与风险状态，提升客户精准画像能力，进而基于产业场景、贸易场景需求提供定制化服务。同时，智能技术在供应链金融全过程中的应用，还可以有效提升贷前、贷中和贷后的智能风控水平，有效降低风险。

7.2 金融科技公司主导供应链金融的优势与风险

7.2.1 金融科技公司主导供应链金融的优势

金融科技公司依托产业供应链生态，利用物联网、大数据、云计算、人工智能以及区块链产生金融生态，发展优势尤为明显。金融科技公司主导供应链金融主要具有以下几个方面的优势。

（1）多维度的交易征信。科技公司对于供应链金融的提升主要是基于交易数据的征信以及自动贷后管理。能够把原来单纯依托静态的、事后的，有可能会人为加工过的财报类的数据，延伸到交易数据层面。以前的财报基本就是平面上的一个点，现在获取的则是一个立体的数据，这样就可以从更多的维度去观察和分析，造假和人为加工的难度非常大，从而真正解决了人工确权、贸易真实性和自偿性问题。

（2）自动贷后管理。科技公司在企业自愿的情况下把所获数据经过脱敏处理之后传到中心端，中心端基于数据进行进一步的分析，在本质化效率提升的数据基础之上，结合行内数据、其他外源数据，再把模型分析做好，就能够真正做到量化授信、分级预警。在这个过程中不只有实时监控，甚至在模型里面还有一些预测性的指标，帮助金融机构更早、更及时地解决相关信贷管理问题。

（3）增强核心企业与贸易伙伴的关系。在传统的供应链金融解决方案中，仅仅依赖供应链上核心企业的配合和数据，而核心企业往往只掌握部分交互类的数据，如下游预付渠道融资中的客户订货数据。科技公司采用交易网络数据工具部署在中小企业，可以智能适配到中小企业进销存 ERP 的系统，或从云端获取额外的交叉数据。真正建立基于授信主体的全方位数据，同时结合行业大数据，摆脱以往供应链融资中占核心企业额度，要求核心企业硬性担保等问题，才能真正发展依托中小企业的更开放的行业性供应链金融体系。

（4）运用区块链技术解决供应链非信任关系。供应链涉及多方的数据，比如供应链金融的货押业务，就会涉及金融机构、企业、仓储、服务提供方和仓储监管方这五方，另外企业还会涉及买方和卖方，在这当中获取数据和数据之间的来回确认相对会比较麻烦。而产业之间本身也有上下游的关系，比如原材料和化工，以及日化品的品牌商、汽车的主机厂和汽车零配件的产业就是一个上下游，这也会有相关的纵向的协同。科技公司运用区块链分布式的账本，让大家最终能够达成共识，解决了供应链金融在非信任的体制下如何达成信任关系问题。

7.2.2 金融科技公司主导供应链金融的风险

金融科技公司主导供应链金融存在以下几个方面的风险。

（1）信息安全风险。金融科技助力供应链金融，业务流程的数字化将不可避免地产生大的用户财务数据。一般而言，更多地使用技术和数字解决方案可能会扩大网络黑客攻击的范围和入口点。一旦发生黑客攻击、人为操作错误、硬件设备运行错误等都会大大增加信息泄露的风险，导致丢失或滥用客户个人信息，造成供应链网络冲击，并对中小企业造成毁灭性打击。

（2）技术失控风险。科技公司现有的风控体系太过于依靠金融科技，如果其中一个技术出现问题，那么全部的风险防控就会功亏一篑，因此不能够忽略其中存在的综合性金融风险。例如传感器是互联网运行过程中的关键所在，一旦其出现问题，那么数据就会失去其真实性，同时对决策产生一定的作用。倘若不能够应对经由互联网手段对流动信息的改变，在一定程度上也会引发信息失真以及无法预测的风险。人工智能（AI）能够运行的关键在于算法，同时执行算法的关键又在于可靠的信息，倘若信息不可靠，那么AI技术就没有任何意义。

（3）合规性风险。金融科技的使用可能会突破现有的一些约束，在现有法律框架内难以有效监管层出不穷的新型金融业态和新型金融交易，从而在一定程度上存在合规性风险。例如，倘若在智能合约中使用了区块链技术，同时现在的法律制度不能够对AI协议（智能合约）给出合理的法律判断。专家们也没有提出AI协议可不可以照搬之前法律中的定义，由此产生的冲突就不太容易执行合理的措施。

7.3　金融科技公司主导的供应链金融发展方向和趋势

金融科技公司主导的供应链金融优势在技术、信息，在以足够低的成本和足够高的效率解决不同产业链的数字化和数据信息整合的基础的关键的问题。就目前发展来看，金融科技驱动下的供应链金融最主要的是实现“六化”。

（1）行为场景化。当供应链走向了网络化和生态化之后，会和平行及纵向上越来越多的企业、利益相关者发生大量的交易关系。在这样的背景下，对交易中各种各样的服务以及在不同种群、不同位置上的行为进行客观反映，是在如今越来越网络生态化条件下把控金融风险的核心之一，称为行为场景化。

（2）资产穿透化。供应链里面有各种各样的资产，让数字化帮助资产穿透，做真实底层资产管理，这是非常重要的一方面。目前，很多中国企业发行的大量的ABS没有做到资产穿透，这也是将来数字化要解决的问题之一。

（3）管理精细化。企业管理精细化的程度可以体现在两个方面：一是企业的供应链运营管理能力，如库存天数或者库存周转率；二是商业信用，即应收账款的天数减去应付账款的天数，该指标直接反映企业在其客户眼中的信用水平。

（4）经营预警化。供应链金融的风险要得以控制，一定基于一个前提，即收入自偿化。如果不能够通过信息和通信技术（Information and Communication Technology，ICT）准确及时地预测即将发生的事情，收入自偿化这个前提则不存在，所以供应链金融风险管理必须要做到经营预警化。

（5）信息智能化。要获得公司全生命周期业务经营中的有效信息，并且同时保证这些信息的真实性和安全性，需要利用规则和技术，这也是数字化驱动供应链金融中需要做到的。

（6）声誉资产化/主体信用化。即在供应链金融风险控制中，通过人工智能和大数据分析，需要充分刻画客观能力和预测性声誉两个维度，从而更为全面地把握借方的整体信用程度。

未来，科技驱动下的供应链金融发展要实现三个目标。第一要实现有效触达，也就是要用有效的方法，让受众及时获取到有用的信息；第二要具有丰富度，一定要能够多维度地把握一家中小企业的信息，将主体多维度地反映出来；第三要有足够的深度，就是反映整个供应链上游、下游关键的信息，供应链金融一定要从单纯的开票延伸到整个供应链的不同阶段。

精选案例

案例7-1　普路通——深耕医疗和ICT的综合供应链服务提供商

普路通供应链管理，是一家为企业提供涵盖供应链方案设计及优化、采购分销、库存管理、资金结算、通关物流以及信息系统配套支持等环节的一体化供应链管理服务商。十年专业运营，开拓创新，普路通供应链管理业务从ICT行业供应链领域逐步迈向多元化的现代领域，实现阶段式跨越发展，已成为境内供应链管理服务行业的领先企业之一。

1. 公司主要业务模式

目前公司业务模式根据是否参与产品的运作分为交易类和服务类两类业务，见表7-1。其中交易类业务参与产品的运作，主要靠赚取差额来盈利；服务类则不参与产品的运作，根据经手货值的一定比例来向客户收取服务费用。

表7-1　　不同类型供应链服务

项目内容	服务类业务	交易类业务
确认原则和标准	在货物已抵达客户指定地点，并由客户或客户指定的其他收货人签收后确认	国内销售按发货与客户签收手续后确认为销售收入，出口销售按发货并完成报关出口手续确认为销售收入
货物进口环节	公司仅作为进口受托人，进口增值税由客户缴纳，进口环节的违法违规风险主要由客户承担，公司仅承担作为进口受托人的次要法律责任	公司作为货物买方在海关缴纳进口增值税，并承担与进口有关的违规风险
向客户交付货物环节	根据与客户签订的框架协议和业务委托确认单直接向客户交付货物，如果客户违约，公司仅拥有货物留置权	公司与客户签订《购销合同》并向客户开具增值税发票，如果客户违约，公司拥有与货物相关的所有权利
海外供应商向公司交付货物的方式	公司仅作为收货人与海外供应商接洽	根据《购销合同》，海外供应商需要向公司交付货物并开具销售发票
收益形式	按经收货值的定价销售获得收益	以买断销售方式获得收益

（1）服务类案例：标准+定制，灵活应对客户需求。目前公司建立了一套标准化的服务流程和组织部门架构来满足对客户的个性化定制服务，在不同行业有严格的业务执行流程。图7-2与图7-3分别反映了针对医疗器械行业和电子信息行业的服务流程。通过标准化的流程，公司可以在很大程度上保证服务的质量和效率。

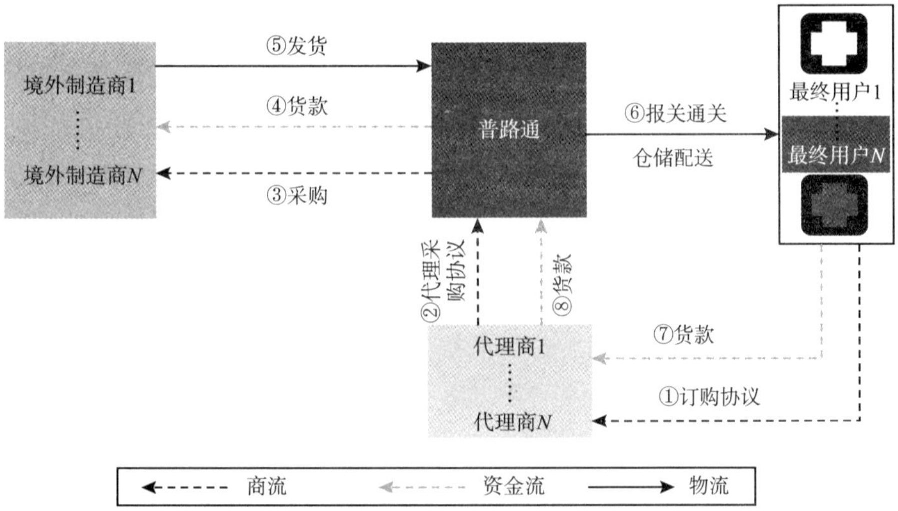

图7-2　医疗器械行业服务流程

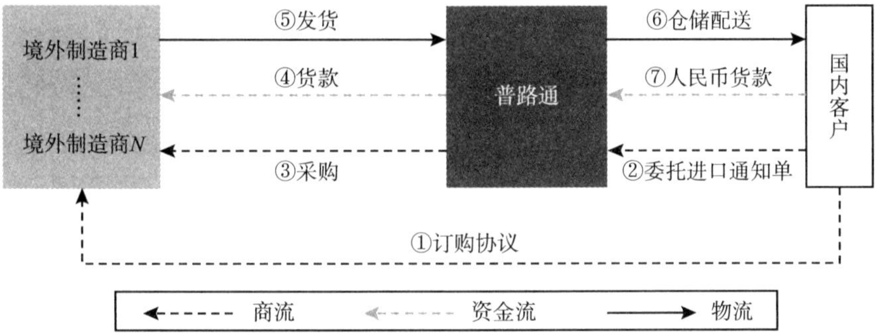

图7-3　电子信息行业服务流程

在严格的业务流程下，公司对于有个性化需求的客户，如果客户有明确的供应链管理需求时，公司将会依照客户的要求严格执行；如果客户有要求但又没有具体的实施方案时，公司则会对客户所要求的供应链进行诊断，利用公司的专业人才提出具体的解决方案，直到满足客户的要求。

G企业为服务器生产商，大部分原材料都在香港收货运输到天津生产，但部分境外原材料必须在境外提货。在传统解决方案下，G企业委托国际货代公司到境外收货。而采用普路通解决方案后，通过普路通为G企业专门开发的供应链管理系统，G企业直接和普路通进行财务、商品对接，平均物流成本从295元/立方米降低至100元/立方米。同时，采购议价能力也得以提高，拓宽了供应商选择空间，集货地点可以为普路通的全国任何通关地点，由此压缩在途时间，改造后平均到货周期从7天缩短至2.5天。

（2）交易类业务案例：深耕小米产业链，战略合作关系稳固。公司自2011年开始与小米合作，小米实行非核心业务外包模式，采用“零库存”管理以最大程度降低成本，小米要求供应链管理企业能够快速响应其海量交付货物的要求，供应链管理企业需要充分了解小米及其供应商、代工厂等业务链条全流程。

如图7-4所示，普路通向小米指定的超过100个境外供应商采购商品，提供分拣、贴标等服务，按照最经济原则向境内10余家海关申报通关，且需快速响应，采取包括零担、空运、专车、快递等形式向其境内众多的代工厂发货，并根据各代工厂地点、生产进度进行快速调拨，通过“转口贸易”就近交付，提高效率的同时为小米节约了运输、通关费用。

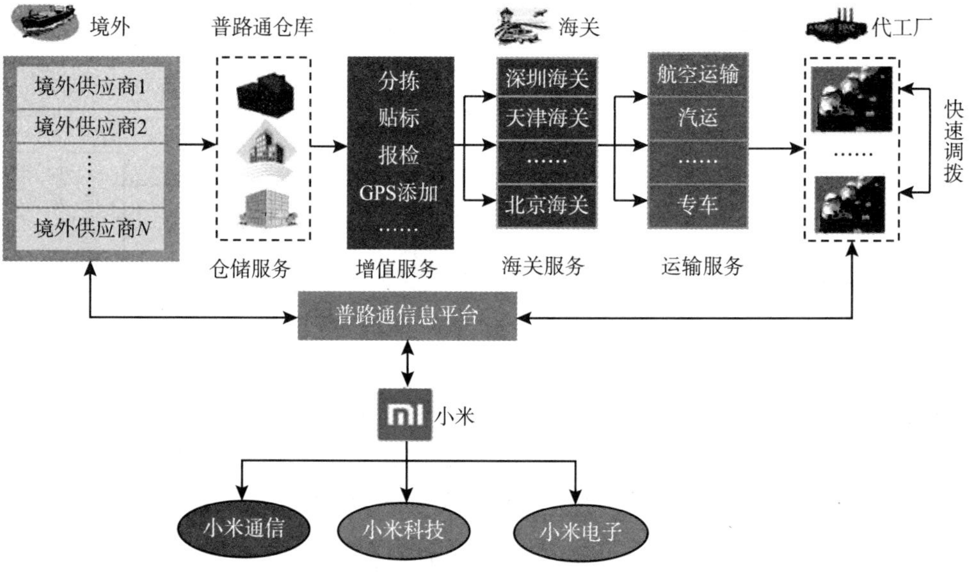

图7-4　公司为小米提供个性化服务流程

2. 组合售汇降低公司资金风险

由于公司所涉及的ICT和医疗器械行业中大部分供应链服务都涉及进出口，公司近三年进口业务占据公司业务总量的80%以上，导致公司付汇需求量巨大。为了应对汇率变动的风险，公司在支付过程中采用组合售汇的方式进行支付，见表7-2，只要存在人民币即期汇率差与不同比重存款贷款利率差为正的情况，公司就可以赚取一定的无风险收益。由于采用组合售汇方式，公司可以很大程度上解决单个客户支付外币规模小而不连续所产生的交易门槛问题，从而降低企业的采购成本，提升供应链运营的效率，提高公司竞争力。

表 7－2　　公司不同类型组合售汇方式

售汇方式	预期	汇率风险	具体方式
DF 组合售汇	人民币升值	无风险	与银行签订组合售汇合约，并确定相关存款利率和贷款利率以及最终贷款到期时的汇率
NDF 组合售汇	人民币升值	无风险	与银行签订组合售汇合约，并确定存款利率和贷款利率，同时通过 NDF 合约避免外币汇率波动
DF + NDF 组合售汇	人民币贬值	无风险	通过 DF 和 NDF 合约确定合约到期时以较低汇率购买外币用于支付货款，保证公司可以获得一定的汇差收益

3. 自主研发信息平台，保证服务专业性

公司自主开发的供应链信息管理系统利用互联网思维、“积木式”系统架构以及云端数据库存储，通过贯穿公司各个部门来保证数据信息的一致性和完整性，增强信息的流通速度及部门的协作能力。由于信息系统的扁平化设计，公司决策层能够对市场进行更为准确的分析，从而保证公司能够根据市场的变化调整公司战略，更好地服务于客户。

资料来源：https：//mp. weixin. qq. com/s/DKkZOfHQ8PYyGVyL2gr_6Q.

思考题

1. 对比公司服务类业务和交易类业务的差异。
2. 简述普路通的工作模式及特点。

案例 7－2　趣链科技：基于区块链的应收账款多级流转平台

1. 企业概况

趣链科技（Hyperchain）由中国工程院陈纯院士担任董事长，中国计算机学会区块链专委会副主任、浙大软件学院副院长蔡亮教授担任副董事长，以浙大计算机和软件学院 7 位老师为核心，联合师生创业，公司 230 余人中 80% 具有硕士或博士学位。目前已完成 15 亿元融资，成为行业首个准独角兽，投资方包括国家创新投资基金、上市公司及复星等顶级投资基金。总部（总行）级别的合作伙伴包括中国人民银行、中国银联、建设银行、农业银行、Google、美国道富银行、中国外汇交易中心、上交所、深交所、中国电信、浙江省网信办、厦门市政府等各类机构50余家，是行业内应用落地场景最为丰富的企业。

公司核心竞争力为国产自主可控区块链底层技术，即Hyperchain底层技术平台，在工信部、中国银联、农业银行、建设银行等组织的技术评测中均名列第一，具有节点验证授权机制、多级加密机制、实用拜占庭容错算法（Practical Byzantine Fault Tolerance，PBFT）共识机制、图灵完备的智能合约执行引擎等核心特性，是一个功能完善、性能高效的联盟链基础技术平台，同时支持企业基于现有云平台快速部署、扩展和配置区块链网络，并可对区块链网络的运行状态进行实时可视化监控。在面向企业和产业联盟的应用场景中，Hyperchain能够为数字资产清算、数据可信存证和去中介交易等应用提供优质的底层区块链技术支撑和便捷可靠的一体化解决方案。

2. 发展背景与核心优势

在传统供应链金融模式下，产业链上的中小微企业往往是大型核心企业（大型国企、民营上市公司）的供应商。核心企业相对来说对上下游的话语权较强，因此资金压力较小，并且可以得到较多的银行授信。而中小微供应商的应收账款较多，又难以得到更多的银行授信，因此进一步加剧了其资金压力。

此外，由于中小微企业本身的财务管理机制不够健全，在得到核心企业的应收账款票据后，难以提供完整有效材料来证明交易的真实性，同时票据不能拆分，导致核心企业的三级、四级以及上游的多级供应商无法使用其应收账款债权实现融资，只能从其他渠道借贷高成本的资金。

因此，非常有必要利用科技手段，开发一种金融产品，帮助和扶持供应链金融链条后端的中小供应商，以便使得供应链体系整体更加强健，间接促进实体经济的发展。

3. 产品设计

针对上述问题，趣链科技推出了基于区块链的应收账款多级流转平台，为核心企业、成员企业及其多级供应商提供了可流转的数字凭证。

凭借基于核心企业信用的应收账款凭证，供应商可以便捷地将应收账款进行拆分、转让和融资，并有效惠及除一级供应商外的多级供应商，那里是传统供应链金融很难触及的地方；核心企业的信用资源实现了有效的多级传导，通过引入外部金融机构，为应收账款提供低成本融资利率，实现了自金融模式，如图7-5所示。

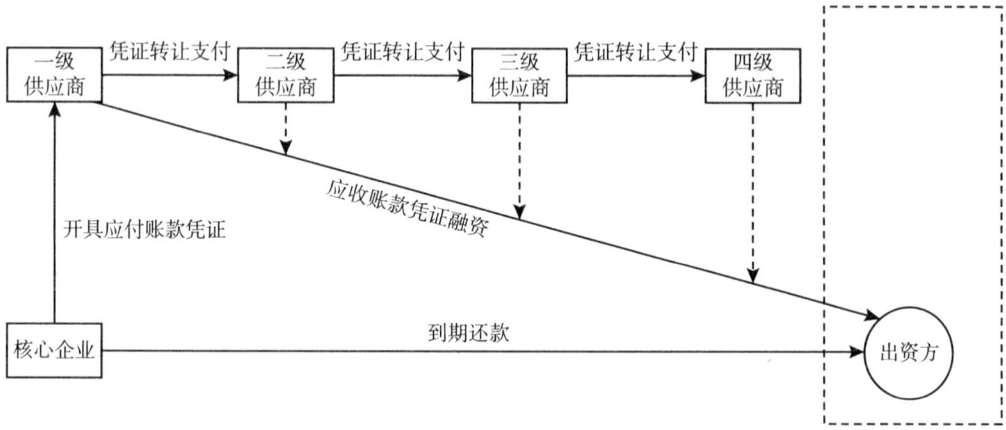

图7－5　应收账款多级转让业务流程

基于区块链架构，可以实现多方对同一笔交易的确认，且数据不能篡改，融资需求发生前的交易数据可为需要融资的应收账款提供强有力的信用背书。同时基于区块链底层的清算特性，可以实现对核心企业应收账款的债权拆分，并顺着产业链逐级向上流转。

每一笔应收账款的流转都在区块链上登记结算，可确保债权的真实性。同时，由于债权数据本身是高度可信的，金融机构可以以较低的风险来为中小微供应商提供低成本融资，通过使用核心企业的信贷额度来为其供应商提供贷款。在债权到期后，核心企业基于区块链上记录的信息，直接支付账款到实际债权人处，完成整个流程的闭环。同时，结合保理业务，产业链上的中小微企业可以通过贴现更方便地获取资金。

基于区块链的应收账款多级流转平台大大增强了业务场景的透明度，使核心企业的信用能够有效流转，从而有效降低了中小企业的融资成本。

总体业务流程如图7－6所示。

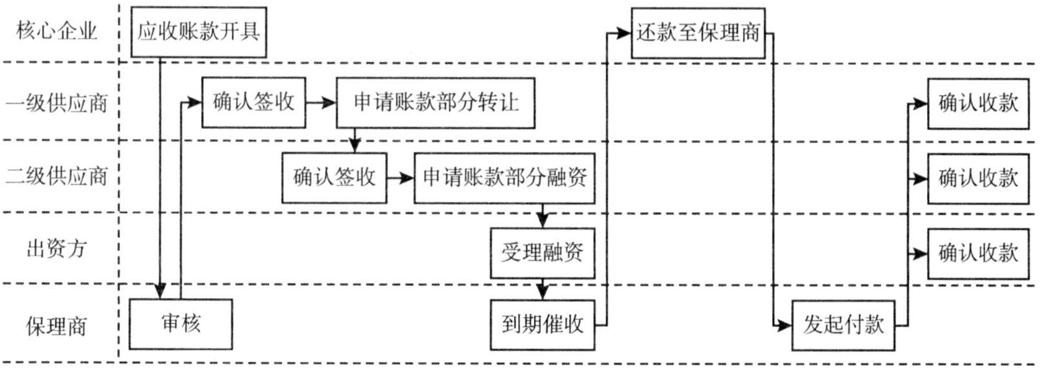

图7－6　总体业务流程

(1) 核心企业（或成员企业）根据真实贸易下的应付账款向一级供应商开具应收账款数字凭证。

(2) 保理商对开具的应收账款进行审核。

(3) 一级供应商确认签收应收账款。

(4) 若一级供应商谈判力相对较强，在进行相关贸易时，可以将账款全额或部分转让给其上游的二级供应商。

(5) 二级供应商确认签收应收账款。

(6) 若二级供应商有资金需求可以向银行及金融机构等出资方申请全额或部分融资，出资方受理融资后将相应的金额交付融资方。

(7) 在账款到期时由保理商向核心企业发起催收，由核心企业进行还款。

(8) 保理商在收到还款后，依次将还款金额支付给相应的应收账款持有人。

2017 年 6 月，浙商银行基于趣链科技底层区块链平台 Hyperchain 开发的“应收款链平台”上线。该平台是利用区块链技术将企业应收账款转化为在线支付和融资工具，帮助企业去杠杆、降成本的一款创新金融科技产品。专门用于办理企业应收账款的签发、承兑、保兑、支付、转让、质押和兑付等业务。截至 2018 年 5 月，已有 600 多家企业入驻该平台，为诸多企业带来便利的支付和融资手段。

2018 年 4 月，趣链科技与生意家集团合作，基于国产自主可控区块链 Hyperchain 打造的生意家供应链服务平台正式上线，第一批核心企业（20 余家）及其供应商已成功入驻。

4. 未来发展愿景

通过趣链科技的底层技术，赋能金融机构，使得应收账款多级转让模式得以逐渐落地，真正实现了供应链的闭环——从源头到上游各级供应商，进而解决中小企业融资难的问题，降低应收账款对资金流的占用，增强其资金流动性；增强核心企业对整个供应链上下游体系的掌控力，进一步促进实体企业发展；并通过核心企业的信用背书，助力供应链生态圈成员降低资产负债率，实现资产结构优化。

此外，扎扎实实地把底层平台建设好，通过区块链技术解决实际问题，为社会创造真实的价值，是趣链科技始终秉持的价值观，而供应链金融服务平台的上线，是区块链落地的重要一步，在此之后，趣链科技将通过不断探索区块链的应用价值，为社会的数字化转型，贡献自己的一份力量。

案例来源：中国物流与采购联合会物流与供应链金融分会．中国物流与供应链金融发展报告 [R]. 2018.

思考题

1. 什么是区块链？它有哪些特点？

2. 基于区块链的应收账款多级流转平台的风险在哪些环节？怎么防范？

案例7-3 网商银行：基于阿里生态大数据项下全自动估值授信模式

1. 企业概况

浙江网商银行股份有限公司（以下简称网商银行）是中国银监会批准的首批试点民营银行之一，于2015年6月25日正式开业。

网商银行将普惠金融作为自身的使命，希望利用互联网的技术、数据和渠道创新，来帮助解决小微企业融资难融资贵、农村金融服务匮乏等问题，促进实体经济发展。

网商银行是中国第一家将核心系统架构在金融云上的银行。基于金融云计算平台，网商银行拥有处理高并发金融交易、海量大数据和弹性扩容的能力，可以利用互联网和大数据的优势，给更多小微企业提供金融服务，定位为网商首选的金融服务商、互联网银行的探索者和普惠金融的实践者，为小微企业、大众消费者、农村经营者与农户、中小金融机构提供服务。

2. 痛点催生创新发展

网商银行通过整合阿里电商生态所沉淀的全网商品、交易大数据，运用大数据计算挖掘能力，搭建全网商品全自动估值能力，实现消费品也能融资。在与菜鸟物流共建的分钟级存货水位管理、智能仓储管控体系基础上，再打通客户的销售回款资金链路，实现了商品入仓实时有估值、存货质押仍可出库销售的客户体验，整个融资过程完成了“商品预付—存货质押—应收回款”的供应链小闭环，同时网商的供应链金融也是“310”模式：3分钟申请，1秒钟放款，全程0人工干预。

推动解决中小企业融资难融资贵问题，一直是国家相关部门关注的重点。网商银行独特的供应链金融创新模式也是源于现实交易中的痛点需求。其具有三大痛点。

（1）消费品质押。传统基于货的供应链金融质押标的往往是钢材、有色金属等大宗商品，对于品类众多的消费品行业少有涉及，而网商银行作为一家没有线下门店的纯互联网银行，面对上百万种淘宝天猫上的消费品，无法通过传统银行的方式一一对其进行审批尽调，在这种情况下如何进行风险防控，给出合理的额度与定价，是一大痛点。

（2）大额风险管理与客户体验。供应链金融往往与核心企业风险相挂钩，贷款额度通常较大，目前在支持大促销双11、618期间，网商银行的供应链金融产品给出的最高授信可达8 000万元；与此同时，以蚂蚁金服为代表的互联网金融一贯秉承极致的客户体验，因此如何对这类大额信贷资产进行风险管理，并兼顾客户体验，是另一大痛点。

（3）信息化仓库管理。基于在仓货物的供应链融资，需要仓库具备一定的信息化水平以及完整的仓库管理体系，才能完成与网商银行的对接，进而支持基于货的供应链金融业务的开展，这是痛点之三。

3. 核心优势

脱胎于阿里电商生态体系的网商银行，靠什么成为银行界的一匹黑马？或许了解过网商银行的产品特点后，这个问题就会迎刃而解。其具有以下三个特点。

（1）大数据风控模型。首先是对于消费品的动产融资，通过整合阿里巴巴集团内的商流、资金流、信息流以及菜鸟的物流数据，建立基于全网商品估值的大数据风控模型，系统自动化甄别风险并给出额度与定价，创新地做到无需发票，商品入菜鸟仓即可贷款，品类覆盖大小家电、3C数码、美妆、快消等相关行业与类目，并在持续不断拓展中。

（2）在押品也可销售。供应链上的全流程风控，从上游的采购预付，到入仓后的存货，再到销售出库后的应收回款，引入上游核心品牌商及下游消费者，打通全流程的风控闭环，从而面向中小企业，给出了较高额度，并建立了完整的一套贷后预警监控措施，以及一旦出现风险所采取的贷后处置流程。此外针对消费品市场高频交易的特点，商家获贷后无须还款即可出库，给到商家极致的客户体验。

（3）商品库存及物流数据的实时采集。与菜鸟的分工协作，菜鸟拥有管理严格的仓储体系与现代化的智能物流，同时也是仓储物流的数据平台，可提供每个SKU精确到分钟级别的出入库及物流详情。此外，为满足金融业务开展的要求，菜鸟建立了一套完整的贷前抽检、贷后巡检以及仓内管理作业流程；针对质押标的为消费品的特点，菜鸟还提供了美妆、快消等行业的效期管理、批次管理可行性方案，在此基础上，网商与菜鸟一道对供应链金融所涉及的全流程风险进行把控，为入仓商家提供融资服务，提供3分钟申贷，1秒钟放款的客户体验，切实解决中小企业融资难、融资贵的问题。

4. “一票到底”的真实用户体验

2017年3月，某经销商（天猫商家）因为所经销品牌准备全产品线涨价5%～10%，所以希望在涨价前采购一批热销消费类产品，以锁定企业采购成本，但经销商此时短期无法调动大笔采购资金，很可能因无法按期向品牌供应商支付采购款，而导致采购计划落空。

在与客户需求进行深度对接后，网商银行为该经销商提供了采购预付融资解决方案，客户通过网商银行“采购预付融资系统”，在线完成了采购下单、贷款支用、定向支付货款的过程，顺利完成了本次采购计划。

在完成采购下单的15天后，采购的商品被分批送入菜鸟物流仓。在商品入仓后，客户的预付融资额度实时完成向存货质押额度转换的过程，存货质押中的商品仍可以正常出库销售，在完成销售后，形成的应收账款再用于偿还客户的贷款。整个过程中经销商无须进行贷款合同的变更，无须还款提货，真正实现了从采购预付到应收回款的无缝衔接，实现“一票（贷款）到底”的用户体验，如图7－7所示。

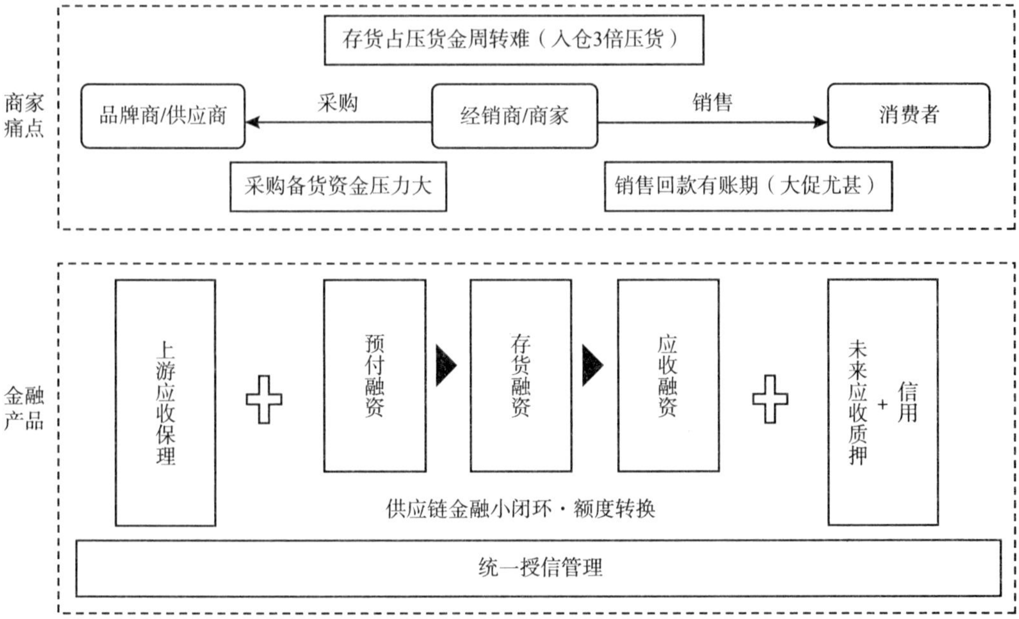

图7－7 业务模式

5. 用成绩证明实力

网商银行取得的成果主要有以下三个。

（1）消费品也能融资。网商银行通过整合阿里电商生态所沉淀的全网商品、交易大数据，运用大数据计算挖掘能力，搭建全网商品估值模型，对几乎所有消费品类（从洗护纸品到生鲜冻肉）都可实现精准估值和动态预测。估值模型当前已覆盖超过6.9万个消费品SKU和菜鸟仓内对应的4 000万件货品。

（2）质押物仍可出库销售。在网商银行与菜鸟物流共建的分钟级存货水位管理、智能仓储管控体系基础上，再打通客户的销售回款资金链路，实现了商品入仓实时有估值、存货质押仍可出库销售的客户体验，整个融资过程完成了“商品预付—存货质押—应收回款”的供应链小闭环，对于客户真正实现了“一票（贷款）到底”。

（3）供应链金融也是“310”模式。依托网商银行的大数据风控和互联网产品设计优势，供应链金融客户仍可享受，3 分钟申请，1 秒钟放款，全程零人工干预的产品使用体验。

资料来源：中国物流与采购联合会物流与供应链金融分会. 中国物流与供应链金融发展报告［R］. 2018.

思考题

1. 中小企业融资难表现在哪些方面?
2. 阿里网商银行如何解决中小企业融资难的问题?

案例 7-4　中驰车福：10 亿授信额度构建产业电商供应链金融新生态

1. 企业概况

中驰车福是由张后启博士创立于 2010 年，已逐步发展成为中国最领先的汽车配件供应链服务云平台，目前已在全国设立 20 多家分支机构，业务覆盖全国近 30 个省份。

中驰车福创新的量子金福商业模式和优秀的业绩表现也受到越来越多投资机构认可。量子金福致力于服务垂直产业 B2B 平台或核心企业，核心满足高频小额、业务分散、缺乏征信的客户需求，聚焦汽配、医疗、教育、旅游、IC/IT、企业服务等行业。量子金福基于平台大数据，应用先进技术努力解决传统银行难以覆盖的数千万下游小微企业的金融服务需求。

2. 量子金福商业模式

如图 7-8 所示，量子金福商业模式是基于平台/核心企业内外部数据资产提供在线供应链金融服务，助力平台/核心企业及其上下游业务起飞。其核心是挖掘相关行业供应链及实际业务数据，将业务数据变成信用资产，并通过数据风控模型对不同质量的资产进行定价，并基于优势 IT 技术，将完整业务方案（含风控、资金、资产）转化为线上的互联网产品。

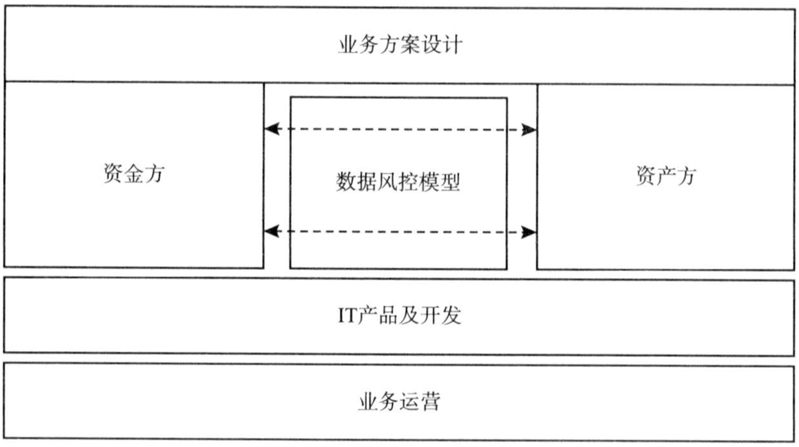

图 7－8　量子金服商业模式

（1）商业模式创新点。

第一，金融产品的创新。

①创新设计了“四方模式”的交易结构。传统的供应链金融模式下，银行由于其面签等烦琐手续的限制，几乎无法做到全线上的流程；真实场景下，下游小微企业单笔订单金额小、下单频率高等特点，银行现有的信贷系统也无法为这些企业提供服务。而量子金福可以帮助银行完成这些小额高频的对接工作，简化下游小微企业准入环节的各种烦琐手续。

②创新设计了“虚拟账户”在供应链金融领域的结算体系。针对下游小微企业订单的小额、高频、反向交易处理场景复杂等特点，创新推出了“虚拟账户”结算体系，使资金的放款回款以及各反向流程的资金处理均通过虚拟账户实现，有效地提高资金流动的灵活性。

③创新设计了“分段计息”灵活适配企业需求。作为一款“企业信用卡”产品，本质上，中驰车福和下游小微企业均会从中受益，前者可以减少应收、刺激销售；后者可以获得融资，缓解资金压力。

第二，技术方案的创新。创新设计并独立研发了“资金与资产精确匹配系统”，让每一个资金方可以根据自己的资金特点和风险偏好，配置自己的“资金产品”，并通过设置准入规则、单笔匹配规则，自动筛选匹配符合条件的单笔资产或多笔打包资产，完成放款后，资金方可以通过穿透查询功能，逐笔实时查看贷款的回款情况，进而深度追溯到贷款对应的原始供应链订单的实时交付情况。

第三，综合服务和运营模式的创新。量子金福为核心企业提供“供应链管理＋供应链金融”的整体服务，通过金融产品和服务解决核心企业供应链的问题与需求。将金融机构、定制化金融产品、大数据处理、支付 & 账户体系、风险控制平台、SaaS 平台、云服务平台、区块链技术等整合到一起，将供应链优化和金融服务结合的需求组合到一起。

在底层通过 SaaS 平台等将供应链金融数据、运营和管理与核心企业打通，为整体服务和运营决策提供数据基础。核心企业可以随时了解到金融服务的各项数据。如核心企业可随时看到用户开通进度、授信及使用情况，待还款账单及还款记录等金融维度数据，也可以看到金融服务与供应链相结合的数据。

同时，量子金福积累的互联网大数据运营、供应链金融运营能力、运营资源向核心企业输出。通过量子金福成熟的产品推广及优化体系、双向数据分析及大数据应用功能、B2B 用户运营体系、多平台高品质的客服服务、新媒体平台等输出及资源共享，帮助核心企业提升整体运营能力，帮助核心企业运营服务好其客户，提升平台体验，加强客户黏性。

最后，核心企业的战略目标是量子金福产品和服务的运营基础，双方目标统一，相互配合，通过供应链金融的加载，创造新的供应链价值，对供应链的优化、提升、目标达成起到了重要的推进作用。

(2) 盈利方法。量子金福的主要盈利点有两个方面：一是按每笔交易额收取相应的平台服务费；二是获得一定的利差收益。

3. 中驰车福案例

量子金福为中驰车福提供了一整套供应链金融解决方案，核心解决中驰车福下游应收快收、上游应付慢付、中段动产质押、集团资金云端管理的需求。

(1) 总体架构。

第一，交易结构。交易结构中主要包括量子金福、中驰车福、小 B 客户和银行四大主体。

①量子金福：提供数据结构化基础上的产品设计、风险评估、信贷流程、账户及支付、IT 开发。

②中驰车福：作为电商平台上的销售方转让应收获得量子金福放款作为货款，并向汽修终端进行实物发货。

③小 B 客户（对应中驰车福的下游修理厂及配件零售门店等小微企业）：到期还本付息，中驰车福提供一定的贴息期，贴息期内汽修终端免息、由中驰车福进行贴息。

④银行：作为量子金福背后的大规模、低成本资金方穿透每笔底层资产、支持量子金福随借随还。

第二，计息逻辑。该款产品本质是通过 FinTech 技术打造的“企业信用卡”，计息逻辑主要具有以下特点。

与信用卡的账期机制类似，重要时间节点分为：账期起始日、当期账单日、最终免息还款日、贷款到期日、逾期。

计息分为三个阶段：贴息期、付息期、逾期，其中贴息期利息中驰承担，付息期和逾期利息均由下游小微企业承担。

后台可对量子金贷三个计息阶段进行灵活配置，包括各阶段时长、利率、对账日等。

（2）基本流程。汽修厂首先发起业务申请，系统根据客户提供的信息资料进行工商信息查询、黑名单查询、反欺诈过滤、风险关联查询等进行初审，初审通过后，运用风控模型，从企业信息、法人信息、交易信息、其他外部数据等方面对企业进行综合评分，结合账期配置及模型评估授信额度。

汽修厂每次使用量子金贷支付时，系统会向初始设置的操作人发送验证码，验证成功后视为支付成功，量子金福向中驰车福发放货款，中驰车福财务收款确认。

临近还款期时，系统自动向客户发送对账短信，客户确认无误后，可通过多种线上、线下渠道进行还款，还款成功后，释放已使用的授信额度。

（3）主要功能。该款产品主要具有以下功能。

①总额控制：根据下游小微客户（终端汽修厂、零售门店）的资质及交易情况，系统自动化评定信用额度。

②按单借款：按中驰车福平台的订单进行融资借款，借款成功后银行即时支付给中驰车福。

③按日计息：每笔借款以放款到账日起按日计息，中驰车福可以灵活配置账期。

④随借随还：客户可根据自身经营情况或资金情况选择任意一天、任意时点还款，利随本清。

（4）信用体系。量子金福面向 B2B 平台众多分散的上下游企业设计的大数据征信平台，为小而分散无银行征信的中小企业积累工商、税务、司法等企业基础征信数据，以及采购、销售、存货、供应链金融等业务经营信用数据，进而基于大数据架构、分析及模型算法，对企业进行征信评级，从而形成企业及行业信用数据魔方，为中小企业金融服务提供征信基础。

（5）风控保障。量子金福通过三个阶段（贷前、贷中、贷后）及两大维度（线上、线下）资产风险进行严格管控。

①贷前环节：通过线上数据交叉验证做好反欺诈，并基于历史交易数据和外部征信数据，运用贷前评分卡模型进行自动打分定额。

②贷中环节：对每笔交易进行手机短信验证码验证或支付密码验证，线上系统实时监控采购稳定度、单笔采购额等业务数据。

③贷后环节：线上系统会主动在相应的时间点（即将进入付息期、贷款到期、进入逾期等关键节点的状态）向下游小微客户发送短信提醒；并通过征信系统实时监控下游小微客户是否存在失信的情况。

④风控管理报告：量子金福定期形成风险管理报告，包括资产质量分析、风险趋势分析、风险分布矩阵、风险客户画像、风险管控自评、合规分析、模型调整评价、风险防控措施评价等，保证对整体风控体系客观的评价，并作为风险管理的指引。

（6）技术应用。

第一，业务系统架构的技术应用，主要包括以下几个方面。

①采用 Dubbo + Zookeeper + Spring MVC 集成的分布式应用技术架构，在高并发情况下合理分配系统资源，有效地解决负载均衡问题。

②集成 Mybatis，更加灵活地实现数据交互开发。

③集成 memcached，有效利用缓存机制，极大减轻数据库访问压力，加速服务响应能力。

④使用 H5、jQuery、Ajax、MUI 等前沿的前端技术，增强客户体验，实现多平台的高适配性。

⑤数字签名与区块链，通过区块链与数字签名技术实现智能合约的去中心化存储、签订结果的不可篡改性，具备不可抵赖的法律效力。

第二，大数据系统技术在风控及运营管理的应用，主要包括以下几个方面。

①根据业务条线进行数据整理。数据条线梳理，做业务数据概念抽象，数据清理，使存储逻辑和业务逻辑相一致，然后在数据仓库和数据集市上实现。数据仓库基于 Hadoop 计算框架是 Hive 和 Impala，实现上万个输入变量的计算。

②用统计方法和机器学习方法实现业务价值。统计方法：指标维度的确定，假设检验（正态检验、t 检验、卡方检验），方差分析，聚类分析，判别分析，逻辑回归，广义线性模型，随机森林。实现：用 R 和 Python 语言实现神经网络算法及机器深度学习，生成自动化风控规则和动态评分卡模型。

③反欺诈。在数据预处理环节，反欺诈解决方案采用了全量样本进行数据建模。在特征工程阶段，机器学习和专家规则一样，首先需要抽取交易报文、用户信息、卡人卡

片档等基本信息，之后再结合其他已有数据，在符合业务逻辑的情况下，通过将交易报文中的原始字段进行超高维组合、衍生。最终，对比于总数在千条之内的专家规则，大数据机器学习模型的反欺诈特征体系，在总量超过数亿维的特征集上进行探索，最终发现有效特征数千万维。

（7）金融提供方与使用方。量子金福主项业务涵盖直接满足电商平台及核心企业业务场景与需求的融资类、理财类业务，以及用于支撑融资理财的钱包、支付、清结算等业务，并尝试通过区块链技术提升数据可信度，达到不断积累、沉淀下游小微客户数据最终形成自有数据征信平台，如图7－9所示。与国内最主要的C端金服平台——蚂蚁金服业务生态对标，类比来看，融资产品相当于B端的蚂蚁花呗、借呗，理财产品类似于余额宝，账户体系、支付通道、分账结算的功能等同于支付宝钱包，量子金福数据征信平台致力于成为B端的芝麻信用。

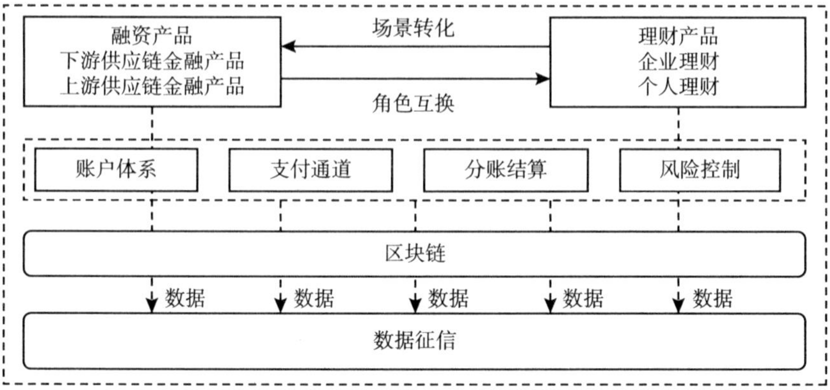

图7－9　数据征信平台

量子金福旗下产品族群中，已经上线的产品主要包括以下相应的金融提供方和使用方。

第一，量子金贷（下游供应链金融）。量子金贷是业界第一家真正打通银行、满足互联网新经济需求、专门为B2B平台优质会员量身打造的创新在线供应链金融产品，具备在线开通、信用支付、免息账期、延期融资、随借随还、一键还款等显著优势，既能有效满足平台下游小微企业客户在线高效支付、采购免息账期、可选延期融资等经营过程中的实际业务需求，也能实现B2B平台加快回款速度、应收账款出表、提升财务及业务效率的目标。

第二，金易采（上游供应链金融）。金易采是量子金福针对供应链交易结构中的上游供应商的应收款融资需求而设计的一款在线融资产品。金易采加速上游供应商回款，提升上游供应商的资金流转效率，从而提升了上游供应链的供货能力。同时可缓解核心企业的采购资金压力，提升核心企业的采购支付效率。

第三，量子钱包（账户体系）。量子钱包是量子金福携手银行，针对B2B平台企业的供应链金融场景需求，通过与B2B平台系统的无缝对接，为平台搭建金融支付账户体系，并通过引入银行密令控件平台和账户验证机制，助力平台交易和结算的效率、安全、规范。目前，量子钱包支持在线支付、无缝充值、信用支付、实时提现和安全理财等功能。

第四，量子分账（分账结算）。使用方为原有卖方配件工厂、卖方大供应商等。量子分账是一款智能分账工具，解决原有卖方配件工厂、卖方大供应商与其下游买方客户既有的、存在收款慢/对账难等痛点的线下成熟集采分销业务，在不改变原有交易双方的模式下，通过线上实现快速对账及收款。

第五，资金管理云平台（资金管理体系）。资金管理云平台是通过实体账户体系及虚拟钱包体系组成，且虚拟钱包需与经营账户一对一绑定对应，形成闭环，满足平台型企业总分结构下全国开展业务的资金云端测算、监控与管理，确保资金流动有迹可循并基于资金流动轨迹规划资金使用，提高资金利用效率。量子金福的金融提供方有多家银行、保理公司、金控集团等。量子金福的使用方有核心企业中驰车福、核心企业平台的上游供应商和下游客户。

4. 主要成果

（1）量子金福助力中驰车福业务加速发展。量子金福基于平台业务数据对中驰车福的会员客户授信总额近亿元，并且通过大数据风控模型定期自动更新客户画像，为优质客户主动提升授信额度，助力业务加速发展。

助力中驰车福B2B平台业务增长。量子金福助力平台企业加快销售回款、提升业务效率，主要表现为回款快（银行放款、快速收款）、应收少（应收账款减少、出表）、效率高（业务及财务效率提升）。如量子金福运营1年后，开户数月均增长20%，贷款额1年内迅速增加24倍。

助力下游小微客户提升采购规模。量子金福助力小微客户解决支付、账期、融资三大问题、不断提高客户黏性，主要表现为支付高效（多次下单、一次集中结算）、账期可免息（中驰选择提供免息账期、账期内中驰贴息）、融资更灵活（可选延期融资、缓解资金压力）。如北京和河北地区某客户，在使用量子金福后，月均采购额分别增加5倍和3倍。

（2）量子金福构建“产业B2B+供应链金融”新生态。量子金福在深刻理解汽配供应链业务场景及支付/结算/融资等金融需求基础之上，充分利用互联网、大数据、区块链等新技术，通过数据连接资金和资产，对资金流、商流、物流和信息流进行有效整合，最终满足中驰车福平台下游小微客户的融资需求并提高整体供应链效率。

供应链金融资深专家、中国人民大学商学院副院长宋华教授，认为量子金福在“业务闭合化、交易信息化、收入自偿化、管理垂直化、风险结构化、声誉资产化”六大方面作出了积极探索和创新，成为供应链金融在汽配行业的领先实践者。

5. 市场风险

量子金福所服务的供应链服务云平台都有大量下游平台客户，从企业规模上来看，这些平台客户以小微企业居多。与大多数小微企业一样，具有征信信息缺失、信息不对称等情况，造成授信难、额度与采购结合难、贷后管理难的难题。

量子金福对中驰车福下游供应链进行分析后，从信息流层面，将企业、法人的外部数据、核心企业的贸易数据打通，通过风控模型确定授信的初始额度，通过合作中的数据积累、信用积累，建立额度调整模型，对额度进行实时动态调整和监控，解决了授信难、不灵活的问题。

同时，通过设计降低运营风险的产品功能来减少逾期和坏账，比如量子金福在业界率先尝试了自动扣款功能，并且与客户量子钱包等账户等打通，系统会按照客户的自动扣款设置定时扣款，避免客户遗忘造成不必要的逾期风险，大大提升了还款效率和体验。

量子金福致力于创新供应链金融产品，服务垂直产业B2B平台，将坚持以互联网和大数据等金融科技（FinTech）为驱动，以客户体验为核心，努力成为具有良好盈利模式、产融结合的互联网供应链金融市场领导者。

资料来源：中国B2B在线供应链金融典型企业案例研究．中驰车福：10亿授信额度构建供应链金融新生态［EB/OL］.（2018－01－12）［2020－10－07］. http：//www.100ec. cn/detail－－6432235. html.

思考题

1. 量子金福的商业模式创新体现在哪些方面？与传统的供应链金融模式有哪些不同？

2. 量子金福是如何进行风险控制的？

第 8 章　供应链金融的风险管理

供应链金融主要是服务于中小企业，而中小企业的风险一般要高于大型企业，因而容易产生坏账和违约，而且供应链金融的风险会由传统的单一贸易环节向供应链上下游拓展。特别是当供应链金融的覆盖范围达到“端到端”时，供应链金融的风险也就随之覆盖了整个供应链。此时，风险不再单纯来源于客户信用风险、贸易背景真实性等传统的风险来源，而是由贸易环节为出发点向供应链上下游扩散。供应链金融的风险贯穿于供应链金融服务过程的始终，因此需要充分了解供应链金融服务过程中的风险，系统化地分析和把控风险，防患于未然，有助于避免大面积风险的爆发，控制不良贷款，将风险降到最低。

8.1　供应链金融的风险[①]

供应链金融风险本质上不是基于借款主体的财务状况、单体信用，而是基于交易链条能够产生未来现金流的商品或劳务而给予的一种授信，既有贸易金融的共性，更具有高频低额、自偿性、封闭性、持续性的特点。正是这些独特的业务特征，使得供应链金融的风险从单个企业扩展到整个供应链。产生供应链金融风险的因素既可能来自于供应链运营出现问题导致的供应链中断，也可能来自中小企业也就是融资需求方的机会主义和道德风险，即信用质量较低的企业利用信息不对称获取甚至骗取资金借贷，导致违约风险增大。

供应链金融风险可以从两个方面来进行分析，一是外生风险，二是内生风险，具体

① 中债咨询评估有限责任公司贸易行业研究团队．供应链高风险环节几何？——解锁供应链金融模式［R］．专题报告，2017（130）．

构成如图8－1所示。

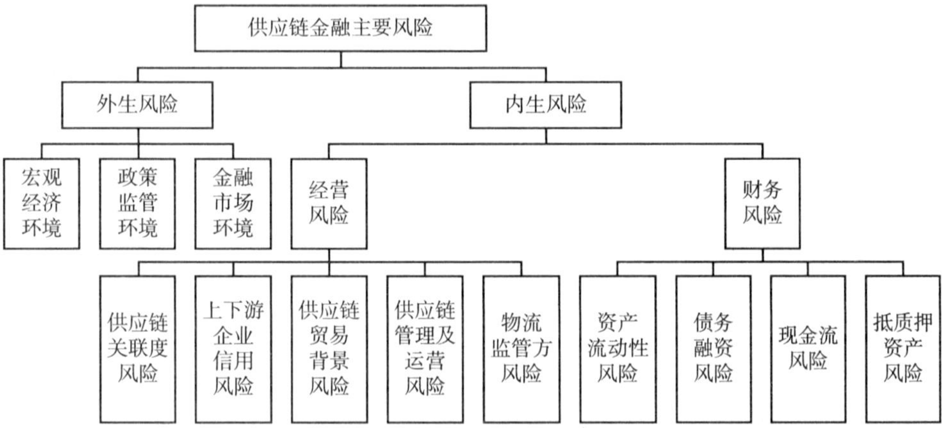

图8－1　供应链金融主要风险

8.1.1　供应链金融外生风险

外生风险主要指影响供应链运营的环境因素，包括宏观经济环境、政策监管环境和金融市场环境等。这些外在影响因素一旦出现变动或不确定，企业的供应链运营往往会遭受到巨大损失，而且这些风险企业往往较难控制与管理。

1. 宏观经济环境

供应链金融在一定的经济环境中运行，金融活动涉及不同产业、融资平台以及流动性服务商，相较于单环节运行的传统贸易业务，涉及范围较广。一旦经济状况出现波动，将导致供应链金融模式中的环节主体面临较大的风险，从而导致整体供应链资金风险加剧。尤其在经济出现下行或衰退时，市场需求疲软，供应链中企业面临生存经营困难、甚至破产等问题，最终造成金融服务丧失良好的信用担保。

2. 政策监管环境

传统金融活动主要由商业银行等金融机构主导，随着市场的快速发展以及企业的迫切扩张，为满足市场业务发展需求，金融工具得到不断创新，同时在政策监管的允许下，非金融类企业在取得相应资质后可经营金融类业务，并受到相关法律及监管条例约束，例如供应链贸易企业可从事保理、贷款及融资租赁业务。一旦政策监管环境发生变化，或对供应链贸易企业提供的金融业务的监管力度提高或约束范围扩大，将对供应链金融活动产生不利影响。法律风险则是由于法律因素给商业银行造成损失的风险。由于供应链金融与银行传统信贷业务存在较大的差异，原先符合传统信贷业务的法律法规并不适合供应链金融，法律的完善需要一个渐进的过程，特别是针对动产质押的排他性问题，是在供应链金融风险管理中需要特别重视的问题。

3. 金融市场环境

供应链金融业务主要盈利来源于息差收入，当供应链企业获取的融资成本远小于其从事供应链金融业务所获得的利息收入时，供应链金融业务利润空间较大。一旦市场流动性偏紧，金融环境恶化导致资金成本上涨，供应链金融业务融资费用增加，尤其在市场利率出现较大波动的情况下，供应链金融业务利润收缩，甚至造成供应链各环节企业资金紧张，融资款项无法收回。

8.1.2 供应链金融内生风险

除了影响供应链运营的外生风险外，还需要关注影响供应链运营的内生风险。内生风险可以从经营和财务两方面来进行分析。

1. 经营风险

（1）供应链关联度风险。较为完善的供应链体系整合度较高，即供应链采购、生产、销售、仓储及配送等各环节在涉及的贸易业务领域上具有较高的关联度，资金流转在供应链业务中形成闭环，供应链企业可通过对各环节的跟踪管理来控制供应链金融风险。而一旦供应链企业关联度低，融资环节出现缺口造成风险不可控，或将对供应链金融业务参与企业经营造成损失。

（2）供应链上下游企业信用风险。供应链上下游企业的信用状况在一定程度上反映出其偿债意愿以及偿债能力，良好的资信状况为供应链金融业务正常运转的前提。中小企业通常资信状况相对于大型企业较差，加之我国征信体系尚不健全导致违约成本不高，易出现债务偿还延缓或回收困难，供应链金融风险加大。

（3）供应链贸易背景风险。自偿性是供应链金融最显著的特点，而自偿的根本依据就是贸易背后真实的交易。在供应链融资中，商业银行是以实体经济中供应链上交易方的真实交易关系为基础，利用交易过程中产生的应收账款、预付账款、存货为质押/

抵押，为供应链上下游企业提供融资服务。在融资过程中，真实交易背后的存货、应收账款、核心企业补足担保等是授信融资实现自偿的根本保证，一旦交易背景的真实性不存在，出现伪造贸易合同、或融资对应的应收账款的存在性/合法性出现问题、或质押物权属/质量有瑕疵、或买卖双方虚构交易恶意套取银行资金等情况出现，银行在没有真实贸易背景的情况下盲目给予借款人授信，就将面临巨大的风险。

（4）供应链管理及运营风险。从供应链管理角度，供应链各环节的有效整合管理是供应链金融业务正常运转的基本前提。供应链企业通过其专业的管理能力促使各环节主体的紧密配合以及协调统一，同时也对供应链企业专业水平提出了更高的要求，一旦供应链企业运营过程中出现管理机制问题或将引起供应链风险失控，将对供应链经营造成一定冲击。从供应链上企业运营角度，供应链上下游各环节企业自身运营状况决定了供应链业务的正常运作，一旦某个企业经营恶化，造成商流、物流及信息流的不连贯性，触发资金流的断裂，供应链金融业务链随之崩塌。

（5）物流监管方风险。在供应链金融模式下，为发挥监管方在物流方面的规模优势和专业优势，降低质押贷款成本，银行将质物监管外包给物流企业，由其代为实施对货权的监督。但此项业务外包后，银行可能会减少对质押物所有权信息、质量信息、交易信息动态了解的激励，并由此引入了物流监管方的风险。由于信息不对称，物流监管方会出于自身利益追逐而做出损害银行利益的行为，或者由于自身经营不当、不尽责等致使银行质物损失。如个别企业串通物流仓储公司有关人员出具无实物的仓单或入库凭证向银行骗贷，或者伪造出入库登记单，在未经银行同意情况下，擅自提取处置质物，或者无法严格按照操作规则要求尽职履行监管职责导致货物质量不符或货值缺失。

2. 财务风险

（1）资产流动性风险。供应链企业通过赊销和垫付的模式为链条上中小企业提供融资服务，导致企业出现较大规模的预付款项和应收账款，资金的提前支出与延迟回收降低企业资金效率并易造成企业阶段性的经营资金压力，当大规模的预付和应收类款项出现问题或将出现流动性问题时，不利于企业业务拓展。

（2）债务融资风险。供应链企业在提供金融服务的同时，自身对外部资金需求较大，通过债务融资的滚动维持金融业务的发展。具体过程中，企业依托自身良好的资信情况以及整体供应链为潜在的担保基础，向银行等机构获取借款，再通过供应链贸易业务或金融业务将资金放贷至其他中小企业来获得资金套利。因此，供应链企业债务负担较重，随着业务规模的不断扩大，杠杆水平持续增高，或对后续的再融资业务形成限制，高杠杆、重债务的经营模式将加剧供应链金融风险的暴露。

（3）现金流风险。大量的垫资和赊销业务导致企业资金出现较大幅度的流出，且回收期限延缓，不利于流动性的积累。经营性现金流对企业债务覆盖能力较差，企业经营及债务偿还资金依赖于外部融资，造成较大的筹资压力，一旦出现外部融资渠道受阻，供应链企业将面临资金链断裂风险。

（4）抵质押资产风险。抵质押资产作为供应链金融业务中对应贷款的第一还款源，其资产状况直接影响到银行信贷回收的成本和企业的偿还意愿。一方面，抵质押资产是受信人出现违约时银行弥补损失的重要保证；另一方面，抵质押资产的价值也影响着受信人的还款意愿，当抵质押市场价格波动导致其实际价值低于其信贷敞口时，中小企业可能会出现违约，进而给流动性提供方带来风险。供应链金融模式下的抵质押资产主要分为两类：应收账款类和存货融资类。应收账款类的风险主要在于应收账款交易对手信用状况、应收账款的账龄、应收账款退款的可能性等；存货类融资的风险主要在于存货的价值认定、监控、价格的波动、是否容易变质以及是否易于变现等。

8.1.3 供应链金融不同产品的风险点

1. 应收账款融资模式的风险点

在进行应收账款融资业务设计时，应该注意审查和识别以下几个风险点。

（1）融资企业的经营状况。应收账款模式下，融资企业的资信状况由于核心企业的信用担保与传统业务相比变得不是特别重要，但融资企业的生产经营状况直接关系着整个供应链的正常运行，关系着供应链金融业务的持续性和风险性。商业银行在授信审核时应重点考察融资企业借款的原因、企业的发展状况、企业的经营绩效、技术情况及产品竞争力、履约记录及能力、核心企业对该企业的依赖程度等。

（2）核心企业的资信状况。应收账款模式下，核心企业是债务人，是银行贷款得以顺利回收的最为重要的保障，其规模实力以及信用状况直接关系到风险的大小。商业银行在授信审核时重点考察核心企业在整个行业中的地位及市场份额、企业规模与实力、股东结构、主营业务收益、资产负债情况、信用记录、发展前景以及核心企业对于银行的协助能力等。

（3）应收账款的质量。应收账款模式下，应收账款是该模式下融资企业向银行借款的唯一质押物，其质量的好坏关系着风险的大小。商业银行在授信审核时重点考核：

一是应收账款的真实性，核心企业与融资企业的交易是否真实存在，相关合同以及票据是否真实，应收账款是否得到核心企业的承认，相关票据有没有承兑，应收账款的要素是否明确具体等；二是应收账款的合法性，即双方签订的买卖合同是否符合《合同法》的相关规定，各民事主体是否符合法律所承认的资格，应收账款有没有超过法律规定的诉讼时效以及是否多次质押等；三是应收账款的可转让性，即债券债务双方是否允许转让，有无双方约定或者法定的禁止转让的事实存在，应收账款的告知流程等。

（4）供应链的整体状况。供应链是供应链金融得以开展的基础，其状况的好坏对于供应链金融风险的高低意义重大。商业银行在授信审核时重点考核：供应链所在行业的成熟度及特点；供应链的长度以及资金流状况；供应链上企业之间的关联程度、合作时间、交易频率、信息共享程度，以及核心企业对于上下游企业的管理能力等。

2. 预付账款融资模式的风险点

预付账款融资主要针对核心企业下游经销商，其与应收账款融资最大的区别是质押物由应收账款转为实物。除了融资企业的经营状况、核心企业的资信状况、供应链的整体状况外，其特殊的风险控制点主要具有以下特征。

（1）质押物的选择。预付账款融资模式下，银行对于融资企业的授信时间较长，需要经历“预定—生产—运输—存储—销售”等环节，对于质押物的特性以及价格稳定性要求较高。除此之外，抵押物是融资企业违约后银行减少损失的最为重要的保证，应当容易变现。因此，预付账款融资模式下，质押物应当具备以下几个特征：①稳定性。作为抵质押的货物最好具有比较稳定的物理化学特征，不宜接受易碎、易爆、易挥发、易霉变等货物做质押，否则容易造成质押物价值的减损。②流动性。一旦融资企业违约，银行需要把质押物进行变卖或拍卖，因此，质押物应当易于转让和出售。③保值性。质押物应当价值和价格稳定，受市场波动的影响较小，货物价值要始终高于贷款的额度。④产权明晰。融资企业提供的抵质押物应当符合法律规定，允许抵质押，而且权属清晰，不存在任何争议。

（2）质押权的实现。预付账款融资模式下，参与主体较多，各主体之间物流、资金流以及信息流纵横交错，操作风险加大，一旦发生将导致银行质押权难以实现。例如，银行在支付了预付款后，如果核心企业无法供货、不及时发货或发货不到以及物流企业监管出现漏洞均会造成银行质押权的延迟或者落空。

3. 动产质押融资模式的风险点

动产质押融资与预付账款融资类似，同样针对核心企业下游企业，但在这种模式中更加强调第三方物流企业的作用。动产质押融资模式下，第三方物流企业负责对质押物进行监督管理和评估，有时甚至直接参与贷款授信和风险管理，因此，其资信状况和监管能力与该模式下的风险关系巨大。商业银行在授信审核时重点审核第三方物流企业的管理运营能力（重点审查出入库程序、规章制度的完善性和执行情况），规模实力，仓储、运输和监管条件，信用记录，与核心企业以及银行的业务联系和数据信息共享程度等。

8.2 供应链金融风险管理必须遵循的原则①

供应链金融流动提供方或风险管理方在开发与提供金融服务的过程中，需要充分认识上述几类风险的状况，合理构建供应链金融风险控制体系。一般来说，供应链金融风险管理应遵循以下原则。

8.2.1 业务闭合化

业务闭合化指的是供应链运营中价值的设计、价值的实现、价值的传递能形成完整、循环的闭合系统，一旦某一环没有实现有效整合，就有可能产生潜在风险。业务闭合不仅指的是技术、采购、生产、分销、销售等作业活动的有效衔接，也涵盖了价值的完整结合、循环流动，即各环节的经济价值能按照预先设定的程度得以实现，并有效地传递到下一个环节，产生新的价值。这一要求也就意味着在设计和运作供应链金融中，需要考虑所有可能影响业务闭合的因素。

1. 宏观因素

由于宏观经济、政治法律环境的不确定性导致的供应链运营中断，就难以实现可循环的供应链运营。尤其是在立足全球供应链基础上开展的金融活动，特别容易产生这一问题。

2. 中观因素

中观因素包括行业和区域发展方面。供应链金融一定是依托于一定的行业供应链而

① 宋华．供应链金融［M］．北京：中国人民大学出版社，2016.

开展的金融创新活动，因此，供应链服务的行业和区域发展特征必然对供应链能否稳定持续运行产生作用。首先，供应链金融只能在持续或者稳定发展的行业中实施，对于限制性的行业或者夕阳型行业，在行业走低或者低迷的情况下实施供应链金融会具有较大的风险。其次，一些区域性的因素，如地区的经济发展前景、市场透明度、政府服务水平以及区域环境的稳定性等都也会对业务闭合化产生影响。

3. 微观因素

微观因素主要是指供应链本身的业务结构。一个稳定、有效的供应链体系需要做到主体完备到位、流程清晰合理、要素完整有效。

主体完备到位指的是供应链设计、组织和运营过程中，所有的参与主体必须明确，并发挥相应的作用。供应链金融活动是基于生态网络结构的金融性活动，网络中涉及诸多的参与主体，如供应链上的成员（上下游、合作者、第三方等）、交易平台服务提供者、综合风险管理者以及流动性提供者，如果某一主体缺失，或者没有能够起到预期的作用，业务的闭合性就会产生问题。

流程清晰合理指的是供应链以及金融活动中的各业务流程清晰，并且能够有效结合。这既包括了供应链商流、物流、信息流、资金流清晰合理，也包括了线上和线下流程清晰，并且能够高度融合，相互支撑、相互作用。

要素完整有效指的是采购、销售、技术、生产、分销、销售、信息化、人力资源管理、财务、会计等管理要素能够发挥相应的支撑和监督供应链金融活动的作用。

8.2.2　交易信息化

交易信息化是影响供应链金融风险的重要因素，主要表现在企业或组织间的信息化与供应链运营过程管理的信息化。

1. 企业或组织间的信息化

企业或组织间的信息化是指企业内部跨职能、企业之间跨组织而产生的商流、物流、信息流、人流等各类信息和数据，能够及时、有效、完整地得以反映或获取，并且通过一定的技术手段清洗、整合、挖掘，以便更好地掌握供应链运营状态，使金融风险得以控制。

（1）企业内部跨职能信息沟通，比如销售部门及时提供项目执行情况反馈表，生产部门及时反馈项目运行情况等。如果企业内部不能做到信息化和数字化，无法形成有效传递，就必然会产生风险。

（2）供应链上下游企业之间或者金融服务组织者之间的跨组织信息沟通，比如核心企业与相关企业进行信息互换，金融机构与企业之间有效协调等，一旦相异产业之间没有进行信息的标准化和交换，供应链运行就是一个空壳，金融机构的收益也会受到影响，进而使整个供应链受到波及。

2. 供应链运营过程管理的信息化

为了实现金融风险的可控，供应链运营过程管理的信息化也很重要。除了能够获取和分析供应链运营中直接产生的各类信息和数据，还需要实现信息全生命周期的管理以及有效的信息治理。

（1）确保供应链业务的真实性。通过对交易凭证、单据和供应链运营状态的查验，并运用工商、税务、水电费等大数据辅助分析，来确保交易的真实性、可靠性。

（2）确保供应链物流的能力和质量。在从事供应链物流服务过程中，确保物流作业的质量、数量、时间、地点、价格、方向等明确、清晰。比如物流运营的能力、库存周转率、物流网络等能否完全符合供应链交易或者相应主体的要求，此外，单货相符也是需要关注的重要信息。

（3）确保供应链中资金财务风险清晰可控。交易信息化管理一个很重要的方面是能清晰了解供应链中资金流和财务的状态，包括现金流和利率状态，企业自身的财务管理和内控体系，以及借贷状态等。

8.2.3 收入自偿化

收入自偿化指的是供应链金融自偿性的特征，是指根据企业真实的贸易背景、供应链流程和上下游综合经营资信实力，向链上企业提供短期融资，并把企业未来的稳定现金流作为直接的还款来源。即供应链金融活动中所有可能的费用、风险等能够以供应链确定的未来现金流覆盖。一旦丧失了自偿性，就很容易出现较大的金融风险。决定自偿性的因素包括供应链运营中相应的货物、要素的变现能力。在供应链金融运营互联网化、网络化的条件下，不仅仅是静态的考察货物、要素的变现，还要动态地分析影响变现和收益的时空要素。

时间要素指的是供应链金融活动中融资借贷的长短时间匹配问题。融资周期也是产生风险的因素，周期时间越长，可能的风险就会越大。具体而言，在供应链融资过程中，长借长还（即借贷时间长，还款时间长），甚至长借短还（即借贷时间长，分阶段偿还）都有可能对收入自偿产生挑战。如果借贷时间较长，就有可能因为外部环境或者其他各种因素，产生行业或业务的波动，对产品或业务的变现能力和程度产生消极影响。

空间因素指的是产生供应链未来现金流的来源地。由于不同的国家、地域因为政治、经济等因素的作用，会有不同程度的风险，这种风险必然影响到了交易主体的信用和行为，以及交易产品价值的变动和交易的安全，这些都是收入自偿化原则需要关注的要素。

8.2.4　管理垂直化

管理垂直化即管理专业化，是指对供应链活动实施专业化管理，目的是为了明确责任，控制供应链流程，并且使各个管理部门互不重复、相互制约。

管理垂直化是要实现“四个分离”。一是业务审批与操作分离，能够有效避免急功近利和盲目扩张所带来的风险。二是交易运作和物流监管分离，即从事供应链交易的主体不能同时从事物流管理工作，尤其是不能对交易中的商品实施物流监管。三是金融业务的开拓、实施和监管分离，即“三权分立”，并对各部门的工作做明确分工。四是经营单位和企业总部审议分离，指的是对供应链金融业务的审批要实行经营单位和总部两级集体评审制度。通过设立评审委员会来评审具体项目，而对某些特定业务要指定专门评审员或者管理部门负责人进行评审，最后根据风险等级报请领导审批，由领导集体决策。通过层层审批，最大限度了解供应链运行情况，规避金融风险。

8.2.5　风险结构化

供应链金融是供应链风险和金融风险的双重叠加，具有高度的复杂性。风险结构化指的是在开展供应链金融业务的过程中，设计合理的业务结构，并采用各种有效手段或其组合来化解可能存在的风险。

首先，保险是分散业务风险的一种较为有效的手段。完善的金融保险风险分散方案应该将各种险种有效组合在一起，比如客户信用险、财产保险、第三方监管责任险等。这样的组合方式在市场经济较为发达的国家比较常见。其次，各类不同的参与方或主体所能起到的担保和承诺都应该考虑在内，包括融资需求方、连带保证方、一般保证方以及其他利益相关者的担保承诺。最后，各参与方应该公平公正地承担业务责任，有必要客观地界定各方的权利和义务，并约定各自承担风险的范围和方式。此外，还可以建立风险准备金制度。在这种情况下，即使出现一定的损失，这些损失也在可控范围内。

尽管存在各种化解、分散风险的手段，但是应当看到不同手段的重要程度和风险分散能力是不尽一致的，也就是说风险手段存在着优先级。例如，在特定的供应链金融业务中，保险可以作为分散风险的手段之一，但是往往不能成为化解风险的最后或唯一方式。甚至作为担保方的主体也存在着优先顺序，这是因为不同主体的信用状况具有较大的差异性，自身的经营历史、文化、对法规和契约精神的理解都会影响到对风险出现之后的应对方式。

8.2.6 声誉资产化

声誉资产是企业无形资产的总和，是包括口碑、形象、美誉、行业地位、舆论反应以及社会责任等名声指标的统称。声誉资产是企业最强大的软性竞争力。在供应链金融创新中，声誉代表了企业在从事或者参与供应链金融业务时的能力、责任和担当。只有声誉良好的企业，才能促进金融业务稳定持续地发展，一旦丧失声誉，意味着企业具有比较高的道德风险，可能会产生恶意融资行为，导致供应链金融生态环境和市场秩序出现紊乱。比如套利、套汇和套税行为、虚假仓单、自保自融、重复质押等。

为了防范可能出现的以上行为，就需要在风险识别、监测和控制的过程中评估和量化供应链金融参与者的声誉，包括企业的基本素质、偿债能力、运营能力、盈利能力、创新能力、成长潜力、信用记录等。值得指出的是，在对企业声誉进行评估的过程中，企业主个体的生活行为和要素也是需要关注的重要方面，这是因为中小企业主的个体行为往往对整个企业的运营产生直接影响，也决定了供应链金融中的潜在风险。

8.3 供应链金融风险管理措施

供应链金融的风险管理应包括以下几个措施。

8.3.1　加强对市场风险的识别预防管理

针对市场风险，首先应从风险识别入手，鉴别风险的来源以及哪些项目可能产生风险，并分析其成因。然后对风险因素进行定量分析，综合考量风险所带来的得失，在此基础上进行决策。

针对利率风险，在商业银行的管理实践当中，对利率风险管理的工具和方法，主要是从两个大方面来进行分类的：一是用于表内管理的工具和方法，主要是改变资产负债表不同组成部分的规模以及期限结构的方法，实际上就是调整资产和负债的敏感性缺口和久期缺口；二是用于表外管理的工具和方法，尤其适用于像远期利率协议互换期权乃至利率期货等衍生金融工具来进行对冲和管理。

针对汇率风险，商业银行可根据出口型（结汇型）客户、进口型（购汇型）客户、持汇型客户等不同需求场景，针对性推出更丰富的标准化汇率管理产品体系，增强产品普遍适用性，满足企业对汇率风险的管理需求。如浙商银行推出了“浙商汇利盈”系列外汇避险增值组合产品，其中“结汇通”“期盈通”等产品可帮助出口企业显著改善结汇汇率，或锁定保底结汇价格，“购汇通”等产品可有效帮助进口客户显著降低购汇成本，“存汇通”等产品可为持汇客户提升持汇收益等。其他如招商银行、兴业银行等银行也推出了“跨境财富通”“兴汇盈”等系列避险产品，也为企业提供了丰富的避险选择。

8.3.2　强化整个供应链相关授信主体的综合准入管理

供应链融资是从整个供应链角度出发对链上各个交易方开展的综合授信业务，因此需要结合供应链总体运营状况对授信企业的主体准入和交易质量进行整体性的评审，需要从供应链关联的角度对链上各主体业务能力、履约情况以及对手的合作情况作出客观、全面的评价。

要注重强化对核心企业的授信准入管理。供应链融资各种业务模式直接或间接都涉及核心企业的信用水平，核心企业在对上下游企业融资起着担保作用的同时，其经营风险也对供应链上其他企业具有直接的传递性，直接决定着供应链业务整体的荣损，因此对其准入管理尤为重要。

要真实反映供应链上下游中小企业的信用风险。在供应链融资业务中，银行通过交易结构的设计一定程度上将企业的授信风险和主体信用分隔开了，但债项授信与主体授信的分割并不意味着银行就能忽视授信主体自身的信用风险，银行也不能单纯凭借债项自偿性和核心企业的信用增级，而盲目地降低对中小企业的信用准入要求。

应将主体信用与债项评级相结合，通过综合考察授信申请人的综合实力、财务报表、经营效益、交易活动、自偿程度等全面客观地评价中小企业的信用风险，重点选择与核心企业合作紧密度高，已建立稳定的商品购销关系，并得到核心企业的推荐或认可，生产经营正常，主业突出，应收账款周转速度、存货周转率、销售额和现金流稳定，历史交易记录和履约记录良好的合作主体。

8.3.3 优化业务操作流程并规范各操作环节职责要点

供应链金融操作流程环节众多，操作风险复杂多变，商业银行应根据供应链融资业务特点重新设计业务流程，合理划分岗位职责，通过设置专业的业务部门、制定专门的业务操作指引、建立有效的内控管理制度、健全相应的操作风险管理机制，实现对各流程操作风险的有效控制。

要细化各流程操作指引，建立起明确而又细致的操作规范要求。在贷前调查阶段，考虑到信息要求比一般企业授信更复杂，银行应该建立专业的调查、审查模板和相关指引，调查人员应按照模板要求的框架进行信息收集，有效降低调查人员主管能力对调查结果有效性的影响。在业务落地环节，应细化与授信主体及其上下游企业之间合同协议，印章核实、票据、文书等的传递以及应收类业务项下通知程序的履行等事项的操作职责、操作要点和规范要求。在出账和贷后管理环节，应明确资金支付、质物监控、货款回笼等事项的操作流程、关注的风险点和操作的步骤要求，使得操作人员有章可循，严格控制自由裁量权，要针对业务管理需要明确权责。

建立专业的管理部门，设置专业的管理岗位、明确流程环节中各岗位的职责分工，并细化到岗、到人，实现由专人专岗负责业务推动、业务管理、价格管理、核库、巡库、合同签署、核保、资金支付和回笼监管等相关工作，使得各岗位之间能够做到既相互衔接配合又相互监督检查，真正实现通过流程化管理落实对供应链金融业务的封闭操作和全程监控，实现供应链金融业务的专业化运作和集约化运营。

8.3.4 提升对质押资产的动态管理

抵质押资产作为银行授信的物质保证，其变现能力是授信安全的重要指标。为确保抵质押资产的足值性和有效性，银行要落实好以下两方面的管理要求。

1. 注重对抵质押资产的选择

在选择抵质押物时，应选择市场需求广阔、价值相对稳定、流通性强、易处置变现、易保存的产品。

为明确抵质押物的权属关系，要让质权人提供相关的交易合同、付款凭证、增值税发票、权属证书以及运输单据等凭证，通过严格审查相关凭证有效核实实物权属，避免质押物所有权在不同主体间流动引发权属纠纷。

在选择应收账款时，应选择交易对手实力强、资信高，双方合作关系稳定、履约记录好、交易内容和债权债务关系清晰的应收账款。应确保应收账款所依附的基础合同真实有效，应收账款处于债权的有效期内且便于背书转让等。

2. 加强对抵质押自偿的价值管理

要建立质物价格实时追踪制度，完善逐日盯市操作和跌价补偿操作要求，依据各商品的信贷条件设置价格波动警戒线，一旦价格跌至警戒线以下，及时通知经销商存入保证金或补货。

与此同时，要建立对授信主体销售情况、经营变化趋势的监控机制，定期跟踪其销售情况、财务情况、货款回笼等，严格要求其根据销售周期均匀回款，有效控制抵质押资产的价值变化风险。

8.3.5　完善针对物流监管方的监督检查机制

在供应链融资业务中，物流监管方起到“监管者”“中间者”和“信息枢纽”的作用。物流监管方不仅受银行委托对客户提供的抵质押物实行专业化的监管，确保质押物安全、有效，而且掌握了整个供应链上下游企业货物出库、运输和入库等动态变化的信息。

银行正是通过物流监管方来实现对质押物的物流和资金流的无缝对接。但当前物流监管方中存在缺乏专业技能、诚信度不高，甚至于贷款企业合谋欺诈银行等现象，使得对物流监管方的转入管理和监督检查显得尤为重要。

为防止物流监管方操作不规范和管理制度的缺陷给银行带来损失，应重点选择经营规模大、知名度高、资信情况好、仓储设备专业、管理技术先进、操作规范完善、监管程序严谨以及员工素质高的监管方开展合作。

建立对物流监管方不定期的检查制度，加大巡查频度，重点检查监管方是否严格按照流程进行质物保管及出入库操作，出入库台账是否齐全，手续是否完备，质押货物是否足值、货物存储方式和库容库貌是否符合要求、日常管理是否到位等，对于不符合管理要求的监管方，要及时督促改进，整改不力的要坚决退出。

8.3.6 强化金融科技的应用

（1）依托多维度、多层次数据，清晰勾画融资主体风险画像。传统线下风险管理难以适用供应链金融批量客户、高频低额，时滞长、成本高，需要建立线上化，以大数据风控模式实现风险管理模型化、敏捷化、数据化。风险控制是大数据在供应链金融运作过程中最重要的应用。风控的本质就是通过对信息的不断筛选来评估信用主体的风险水平，从而有针对性地采取不同授信策略。大数据可以帮助企业通过多层次、多维度的数据有效实现对融资主体的交叉验证，信息数据越广，对融资主体的风险画像也将越具体清晰。在大数据技术的加持下，供应链金融将发展成为以数据流和信息流为手段，以物流和资金流为基础，具有资金融通、支付和信息中介等职能的综合金融业态。

（2）通过人工智能解决人为主观性判断偏差与提高信息处理效率，有效提高金融风险防范能力。供应链金融与传统金融最大的区别体现在对风险的可控能动性上，大量的数据固然能为金融机构进行风控提供强有力的支撑，但却也容易因为数据量太大导致真实性无法被人为有效把控。人工智能技术的出现，为此提供了可能的解决方案。我们可以通过优化系统流程、算法等方式，对无效甚至虚假数据进行识别与筛选。下面以反欺诈为例。在反欺诈中应用最多的人工智能技术就是机器的深度学习与知识图谱。其中机器的深度学习最大的价值是特征表达，即通过数学的复杂结构表达一些难以描述的金融现象，因此，特别适合处理某些靠以往经验无法准确定量的金融欺诈事件。

（3）引入区块链技术，借助链上数据不可篡改、可溯源的特性，帮助构建数据高度安全、点对点强信任的高效化、透明化供应链金融体系。区块链是点对点通信、数字加密、分布式账本、多方协同共识算法等多个领域的融合技术，具有不可篡改、链上数据可溯源的特性。区块链分布式账本、加密账本、智能合约等技术的应用，将充分提高供应链条中数据的真实性，同时锁定核心企业应付账款，帮助核心企业信用在供应链条中自由流转。随着区块链技术在供应链金融领域商业落地进程的加快，构建数据高度安全、点对点强信任的高效化、透明化供应链金融体系将指日可待。

（4）运用物联网技术有效提高供应链金融参与主体的交易透明度，进一步强化风控。物联网在供应链金融领域的应用途径主要是通过传感技术、导航技术、定位技术等方式，在仓储和货运环节来控制交易过程，控制和动态管理交易过程，提高终端交易的真实性；甚至在异常情况出现时，实现及时预警。通过物联网平台的建设，可实现现代物流与现代信息系统的高度融合，帮助银行等金融机构实时捕捉供应链金融数据，及时进行分析、演算和预测，从而有效控制供应链金融风险。

精选案例

案例 8－1　上海钢贸案后的供应链风险管理将何去何从

在 2012 年 8 月集中开庭的上海钢贸诈骗案件中，建设银行、光大银行、民生银行等多家银行将上海银元实业集团有限公司、上海天展钢铁有限公司、上海舜泽钢铁有限公司等多家钢贸企业告上法庭，起诉案由多为“金融借款合同纠纷”。

1. 重复质押成为行业潜规则

随着银行起诉钢贸商的 20 多起案件陆续开庭，钢贸行业开具虚假仓单，重复质押获取银行贷款的业内潜规则浮出水面。

以往仓单质押贷款是钢贸商向银行融资的主要途径。而所谓仓单质押贷款，是仓储企业对货主货物进行确认，并开立专用仓单作为融资担保，银行依据质押仓单向货主提供用于经营与仓单货物同类商品的专项贸易的短期融资业务。标准仓单质押业务模式流程如图 8－2 所示。

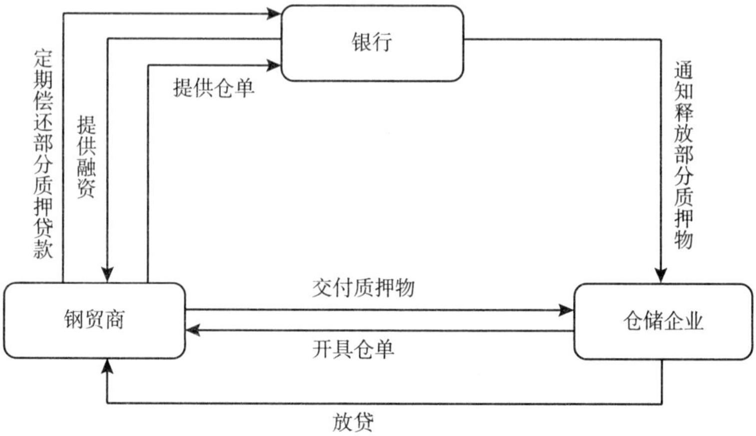

图 8－2　标准仓单质押业务模式流程

但在现实操作中，由于银行之间质押信息互不相通以及仓库管理存在漏洞，货主与仓储企业联合进行重复质押或者空单质押并不罕见，一票多押甚至多次质押从银行融资。

据了解，此次案件的根源在于钢贸企业的重复质押问题。神赛物资公司将同一笔质押物进行重复抵押，向华夏银行和工商银行分别进行贷款融资。而华夏银行先于工商银行通过法院将神赛物资公司抵押的钢材查封，影响了工商银行的权益，故工商银行随即起诉，要求提前还款。重复质押下的事件过程如图 8-3 所示。

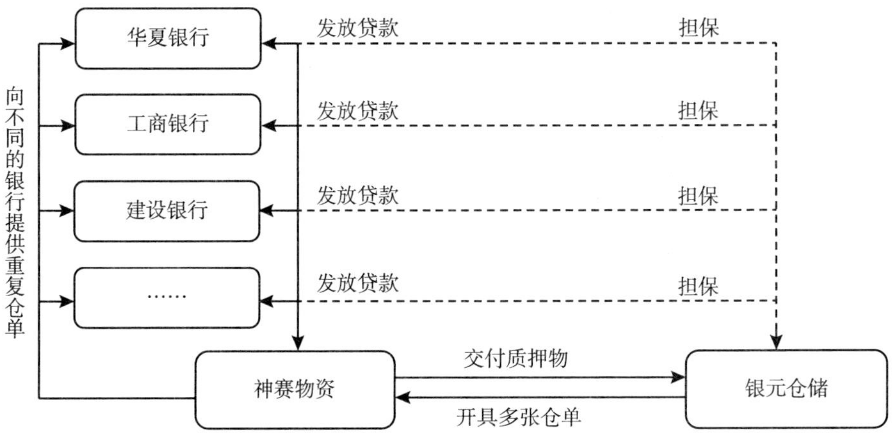

图 8-3　重复质押下的事件过程

2. 联保联贷模式下的陷阱

据了解，导致上海钢贸企业大面积违约的一个导火索就是联保联贷模式。最初，联保联贷常见于中小钢贸企业，上海钢贸企业相互担保的情况较多。这项制度的优点是，企业不用向银行提供抵押物，通过联保能得到更大的银行资金，但副作用也特别明显，市场不好的情况下，非常容易出现大面积集体违约。

民生银行、浦发银行和建设银行最早涉入这类业务。它是在贷款申请人不能提供足值抵、质押物时，银行为降低风险而开发的新产品。联保联贷业务一般由 3~5 家企业自愿组成一个互助小组，小组成员协商借款金额，联合向银行申请授信，联合对贷款提供担保，每名成员均对小组授信承担连带担保责任。理论上，该模式希望通过相互监督、相互约束，以降低交易成本和担保风险，实现钢贸商对银行“双赢”的局面。同一行业间的联保联贷在行业景气的情况下是可行的，但是当整个行业不景气而面临大面积的创伤时，这种金融模式的风险也被放大了。供应链金融联保联贷模式如图 8-4 所示。

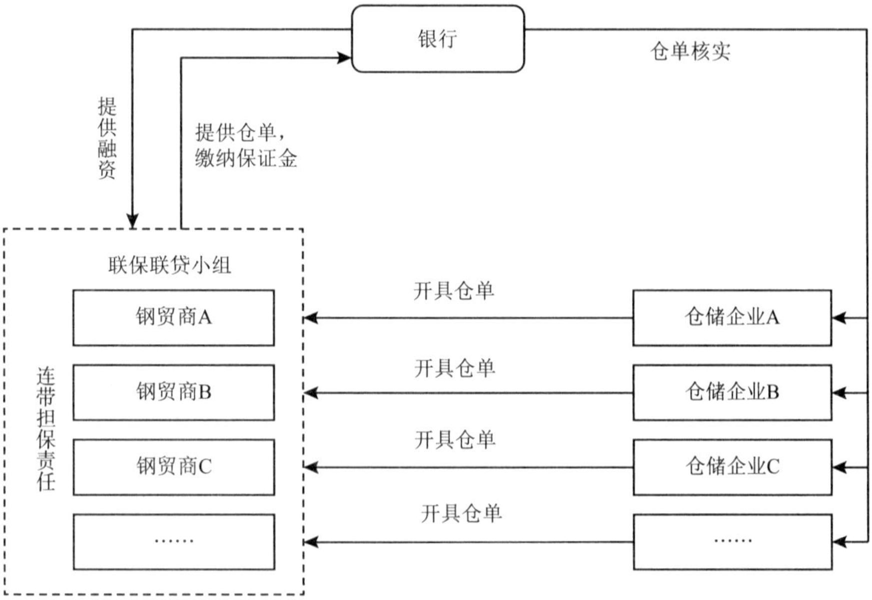

图 8－4 供应链金融联保联贷模式

尽管该模式存在争议，但还是有银行愿意做。金融机构的增加导致竞争的加剧，使创新金融产品成为这个领域主要的竞争手段。然而大量创新的金融产品却在催化剂的作用下加大了操作的风险，一些操作细节被忽视，最终形成了一个个金融陷阱。据了解，目前我国银行业还设立了专门的机构，开发业务，控制风险。与此同时，更有担保公司、典当行及资金充裕的企业加入供应链金融的行列。

与供应链金融相伴的业务模式在原有质押物的基础上已经退出众多的衍生品，如今推出保兑仓、保理仓、订单融资、保单融资、动产质押、电商融资等多种业务，原有存货、应收账款、预付账款等都成为融资的担保物。

另外，考核机制引导业务做大，无论是银行还是企业，都被考核指标压得想方设法扩大业务，无边界的创新模糊了罪与非罪的边界。

3. 从合法走向犯罪

对 2012 年集中爆发的监管案进行梳理，可大致分为三类。

（1）恶意设计、精心策划，实施诈骗。

（2）应急类违规，出质人急于抓行情，但又没来得及办提货手续，采取强行提货方式。原想事后补货，但因各种原因未能补上，形成官司。

（3）当事人各方沟通不足，合同约定有漏洞，问题没有被及时发现而酿成大案。

对此，中国物资储运协会会长蒋超峰分析说，这些事件发端于 2011 年，在国家实施紧缩的货币政策的大背景下，企业资金紧缺，借贷成本普遍增高，有的地区高达15%～20%。在高利率的驱使下，一部分钢贸市场的经营者以市场内的钢材作质押物，向银行贷款。套取资金后改变资金用途，违法放高利贷，民间高利贷利率有的高达100%。

在违约放贷没有被及时制止的情况下，有的市场变本加厉，发展到质物量短少、以次充好、以假充真，乃至发展到出具虚假仓单、虚假质物清单的地步。问题发生质变，由合法转为犯罪。在高利贷链条上的资金极不安全，一环断裂，全链受损。

据悉，2012年年底，上海钢贸行业大面积爆发的监管案例便是通过伪造仓单和重复质押等不规范操作向银行融资之后，不少钢贸商因投资套利到期无钱还贷，便会向民间高利贷融资“过桥”资金还贷。行业景气时银行可以续贷，钢贸商可以偿还民间高利贷，而一旦行业不景气，银行出现缩贷，甚至紧急抽贷时，钢贸商便无法偿还民间高利贷，钢贸商资金链条紧张甚至个别企业出现资金链断裂，行业危机全面爆发。

4. 重塑行业诚信和公信力之路

上海钢贸诈骗案对业内震动极大，媒体又曝光了几家主力监管企业出现的风险事件，新进入的大企业风险事件更严重。为了规避风险，多家监管企业采取收缩、退出的策略。银行也降低贷款量，提高安全度。

遭受冲击之后的钢贸业备受打击，管理当局多次下令严控对钢贸企业贷款，加上经济下行，使钢贸企业陷入极困难境地。

如何重拾行业信心，业内人士已深感迫切与重要。

2013年3月21日，“我的钢铁网”联合上海工商联钢贸商会仓储专业商会共同发起组建了国内首个钢材仓储行业自律性组织——“上海钢材仓储诚信联盟”，并建立了“钢材仓储数据公开发布系统”，旨在重塑行业诚信，树立钢材仓储行业公信力。

“我的钢铁网”钢铁物流事业部副总经理陈健指出，仓储问题频发，与当前钢材质押的几大风险紧密相关。“首先，传统的质押融资业务流程是非标准化的，多为手工单据，人与人交互；其次，钢材仓单是由各家仓库自行开具的，不具备统一性和唯一合法性，且由于仓库作为利益分配方，不具备公立性。”

同时，仓单质押品在库内是可转移的，导致对质押物的辨识产生了问题（即质押物品的可转移性）。此外，受经营成本影响，质押物与非质押物混合存放，而非质押物不可查询，这也是导致重复质押的一个重要条件（即非质押物品的可查询性）。

成立于上海钢贸事件之后的“上海钢材仓储诚信联盟”，无疑被看作钢材仓储企业联合自律、公开信息、重塑行业诚信的首次重大尝试。此举不仅为了提振银行的放贷信心，更是为了加强钢贸企业的自律。目前，已有 12 家上海钢材仓储企业签约加入“上海钢材仓储诚信联盟”，且这 12 家仓储企业的钢材库存量，约占上海钢材库存总量的 44%。

5. 监管的难题与突破

上海钢材仓储诚信联盟的成立无疑为行业的自律提供了一定的保障，但如何从银行和物流企业中寻找出自身的漏洞并将其堵住以防不法分子钻入其中从中获利，且在具体落实中又该如何加以操作呢？

对此，中国物资储运协会会长姜超峰详细梳理了上海钢贸事件后认为，一是介入者对金融物流业务的性质、特点、模式、风险，不清楚、不明白，盲目开展业务，必然陷入诈骗者设计的圈套。而与之相反的是，平安银行开展金融物流业务 10 多年来，不良率只有 0.3%，在姜会长看来，是因为平安银行深刻理解这项业务，防范措施较严。二是客户选择不当，对客户的资质、信誉、财务状况了解不清，没有发现客户隐瞒的事项，容易被拖入风险。三是质物选择不当，选择了过期、变质、易挥发、有争议、无产权的货品进行质押，易产生法律纠纷。

更有待解决的是，监管方内部的工作安排，流程设计和操作，人员安排、利益冲动、道德风险等方面问题。动产质押融资监管是一项新的业务形态，还没有一个针对性的法规和跨部门的管理机构，没有研究、没有预警、没有应对风险的方案。

姜会长说，绝大多数事故产生于管理不到位、客户选择失误、资信审核不严。在出事的案例中，生产制造业客户最少，而贸易类客户最多。因此，监管商开始了新一轮的收缩战线、整顿队伍、改造流程。在姜会长看来，这种举措是正确的。

上海钢贸案发生后，金融当局发布了七不准：不准以贷转存、不准存贷挂钩、不准以贷收费、不准浮利收费、不准借贷搭售、不准“一浮到顶”、不准转嫁成本，金融业开始了秩序的重建。姜会长表示，监管的秩序重建，就是要把无序变成有序，把指导思想调整到“不急功近利、不盲目追求利润”上来，调整到支持中小企业发展上来。金融服务、物流服务都是为实体经济服务，要重新“洗牌”，把违法违规的企业清除出这个行业。

值得注意的是，伴随而来更为严重的一个问题是，银行对监管企业的不信任度在增加，这是因为一些监管企业管理不规范。在保兑仓业务中，有些银行已甩开物流企业，签署三方协议而不是四方协议。而与此同时，监管企业对银行的不信任度也在增加，因为钢材市场量份不足、重复质押的现象，银行肯定知道，为何还要监管企业进入，显然是转嫁风险。

两者虽然根本利益一致，但双方分利分责意见不统一。金融机构希望监管企业承担更多责任，比如质物保管、保质、保真、确认货权、价格确认、担保、安全等，而物流企业只愿承担监管责任。银行委托物流企业监管，应由银行支付监管费，现在却是被监管的企业付费，由此产生了一系列的问题。这些将在双方合作中通过协商和利益调整解决。

在姜会长看来，这种矛盾已经存在于行业多年。据了解，很长时间以来，监管企业处于弱势地位，主要表现在监管收入低、额外责任多、承担风险大、退出机制不全等问题。金融机构存在最终风险高、管理成本高等问题。姜会长表示，当前的主要问题是，优质的、全国的、有经验的监管企业较少，而开展金融物流业务的银行在逐渐增多，供求开始出现不平衡。需要加紧培育合格的物流企业和寻找新的业务模式。所以，金融物流的发展，首要的问题是增进互信。

资料来源：李静宇．上海钢贸诈骗案的风险警示与对策［J］．中国储运，2013（8）：40.

思考题

1. 从本案例中可以看出存单质押具有哪些方面的风险？联保联贷模式作为一种为降低风险而创立的供应链金融模式，为何反而增大了银行的风险？

2. 银行与物流企业之间关系恶化的原因之一是银行认为物流企业只愿承担监管责任，对此物流企业可以从哪些方面更积极主动地参与仓单质押业务中？

案例 8－2　从诺亚承兴事件看供应链金融风险

1. 事件概述

2019 年 7 月，中国最大的母基金诺亚财富为项目方承兴国际控股提供的资金面临“暴雷”风险，涉及本金总额约 34 亿元。7 月 8 日美股开盘前，美股上市公司诺亚财富发布公告称，旗下歌斐资产管理的一只总额 34 亿元的私募基金出了问题。这笔基金关联的融资方承兴国际控股，其实控人因涉嫌金融诈骗被公安机关采取刑事拘留措施。事发后，歌斐资产称，涉事基金为歌斐资产管理的“创世核心企业系列私募基金”。

7 月 8 日晚间，一封从内部流出的落款为汪静波的内部沟通信，对该私募基金的投资标的做了具体描述：主要是向承兴国际相关方就其与北京京东世纪贸易有限公司之间的应收账款债权提供供应链融资。自此，该私募基金的销售方诺亚财富，基金管理人歌斐资产，融资方承兴国际，底层债权还款人京东，成为这起 34 亿元爆雷案的主角。

7月9日早间，京东率先出面澄清称，“这个事情和京东无关。是承兴伪造和京东的业务合同对外诈骗，对于这种行为，我们非常震惊，并且已经配合受害公司进行了报案。”京东方面有关承兴事件的情况说明为：①广东承兴控股集团有限公司（以下简称承兴）是京东的普通供应商，在京东有一定的业务。在京东毫不知情的情况下，承兴涉嫌伪造与京东等公司的合同进行诈骗。就此，京东也已经向当地公安机关报案。②上海歌斐资产管理有限公司（以下简称歌斐）在被诈骗的过程中自始至终没有通过任何方式和京东进行合同真实性的验证，暴露了其自身在合规和风险管控上存在重大缺陷。就歌斐被诈骗一事，京东已积极配合警方进行调查。③我们希望歌斐正视其管理问题，在提高自身专业性上面做好功夫，而不要试图通过混淆视听一味推卸责任。歌斐无端对京东发起诉讼的行为已经对京东的声誉产生了严重影响，京东严正谴责歌斐枉顾事实的作为，并保留对其采取法律手段的权利。

京东回应后，诺亚又做出新一轮回应称，“相信真相只有一个，相信相关司法机关会依法查明真相，将积极通过民事和刑事程序尽责最大程度保障投资者合法权益，尊重司法机关的最终裁决。”目前我们可以对公众告知事实如下：①承兴国际相关方为京东供应商，双方存在大量长期交易；②歌斐已经就这个供应链融资对承兴和京东提起司法诉讼；③歌斐正在积极配合警方调查并尊重司法机关最终的判定结果。

7月9日收盘后，罗静旗下的港股上市公司承兴国际控股发布公告称，有媒体称集团与京东之间订立伪造合同，董事会就此澄清，广东承兴并非集团的成员公司，而集团与京东之间并未如媒体报道提到的订立有关合同。但21世纪经济报道记者从企查查了解到，广东承兴控股集团有限公司董事长为罗静，旗下一家全资子公司为广东承兴产业投资基金管理有限公司。

7月9日晚间，有媒体梳理发现，央行系统显示承兴与诺亚交易61笔，京东百亿应收账款确认函可见。据21世纪经济报道梳理，央行征信系统里登记的这58笔交易，其转让标的基本上都是广东承兴对京东的应收账款，时间跨度为2017年10月—2019年6月，每笔金额为1.4亿~2.5亿元。若进一步加上诺亚租赁的3笔交易，粗略估算累计交易规模在百亿元以上。

7月9日晚间，针对有媒体报道称，承兴国际有多份盖有京东合同专用章的应收账款转让确认函（回执）一事，京东回应称，“近期在警方调证过程中，警方出具了多份所谓承兴与京东未结账款的确认函，经核实均为伪造。”

短短几天内，涉事各方接连发声，出面澄清、撇清关系。由于罗静被捕原因未知，目前34亿元募集资金实际去向不明，事件仍在调查中。此次项目“暴雷”，直指诺亚财富及歌斐资产等三方财富的风控缺失，也逐步将供应链金融产品的风险暴露问题推向了风口浪尖。

应收账款融资是否造假是此次事件的核心和关键，而这场风波在一定程度上也反映了供应链金融在初期发展中面临的一些阻碍。中债资信评估有限公司发布的研报显示，供应链金融的三种传统表现形态为应收账款融资、库存融资以及预付款融资，歌斐资产“踩雷”的34亿元为应收账款债权供应链融资。

2. 诺亚（歌斐）、承兴、京东谁之过？①

拆解承兴事件中的各个参与主体，该事件主要的资金方（作为质权人）为诺亚旗下的歌斐资产，京东（作为债务人）到期还款或广东承兴进行回购，主要的融资方式就是保理业务。从业务流程角度来说，即承兴国际把与京东的业务合同，在诺亚公司进行供应链融资，而诺亚将这一基础资产包装为基金产品，销售给投资人。

通过梳理网络上的公开资料可以看出，当时广东承兴（承兴国际关联方）共有71笔应收账款质押和转让登记记录：质权人为歌斐资产的共有58笔，质权人为诺亚（上海）融资租赁的共有3笔。融资方式几乎都是基于与这些集团企业的赊销合同，付款方为京东、苏宁这样的巨头。

坦白讲，这种融资方式并不是什么新的玩法，更何况又有大企业背书和上市公司回购作为“双保险”，承兴担当的更像是一个“通道”的身份。只不过，当这个所谓的“通道方”大部分融资都是在应收账款市场进行的，方式单一、笔数众多，且规模十分巨大，某种角度上，这也为后来的“暴雷”埋下了一个定时炸弹。

涉案34亿元，并不是一个小数目，因此也绝非是某一个单一环节出现疏漏或者作假可以实现的。倘若与京东的应收账款合同是真实的，那么问题的关键就出现在了保理业务中最为重要的一个环节——“确权”上来。

事实上，供应链融资分为“明保理”和“暗保理”，从成本角度来看，承兴选择“暗保理”的可能性并不是很大。而确权则是“明保理”中必不可少的一步，即歌斐对基础资产的真实性进行确认，另一方面，京东也要确认知晓并同意承兴将债权转让给歌斐。

如果京东方面只是确认了应收账款相关内容，但这并不代表是对应收账款进行确权，确认不等同确权。确权可能会涉及京东的采销、财务、法务等众多部门，流程也是

① 节选自：王曼卿．承兴34亿事件真相：诺亚摸着京东“过河”？[EB/OL]．（2019-7-10）[2020-12-4]．http://finance.sina.com.cn/money/lczx/2019-07-10/doc-ihytcitm1093780.shtml.

十分烦琐，但必须指出的是，对应收账款确权的过程，才是确定买卖双方债权债务是否成立，交易是否真实的关键一环。

对于诺亚旗下歌斐来说，这些操作和企业尽职调查一样，都属于基础风控手段。或许某种程度上，向大企业确权确实是一件流程烦琐且消耗情绪的事情，但从风险角度来说，这是诺亚必要且必须要做的事情，不能因为合作方是上市公司，在信息披露和财务审计等方面有着较强的市场监督，就选择忽视确权。

与此同时，在整个确权的过程中，由于涉及“面签”——即金融机构核保核签，按照常规做法，“一直都要求两人在现场，拍照或者录像，这也是金融机构用章前述合同的基本原则”。而从公开资料里来看，歌斐对这个流程的态度也并不坚决。

承兴供应链融资属于保理业务，这是一种以应收账款债权转让为前提的金融业务，由于涉及主体至少为三方，且存在转让环节，因此这里面也存在种种“暗坑”：应收账款真实性难以审核，企业可能通过串通等手段故意调高账面价值；应收账款转让难，债务方尤其是核心大企业不愿意配合确权并进行账款确认；资金回笼难度高，且不易被监管。

资料来源：腾讯财经. 34 亿基金爆雷！诺亚财富踩雷承兴国际事件全梳理［EB/OL］.（2019 -7 -9）［2020 -12 -4］. https：//finance. qq. com/a/20190709/008539. htm.

思考题

1. 保理业务面临哪些风险？如何规避这些风险？
2. 歌斐资产作为基金管理人，它的供应链金融风险管理存在哪些问题？

案例 8 -3　顺和同信：金融科技企业赋能供应链金融

北京顺和同信科技有限公司，专注于物流及其强相关行业的风险管理、供应链金融服务及保险科技服务，通过对信息流、资金流、物流等资源的整合，深挖数据价值，致力于赋能合作方快速落地线上供应链金融业务。在赋能合作方供应链金融业务落地方面，顺和同信提供综合的技术和业务解决方案。

1. 技术整合

如图 8 -5 所示，顺和同信构建的“智 · 融”供应链金融平台其底层整合了大数据、人工智能、物联网和区块链等多项技术，该平台是多项技术综合运用形成的工具性解决方案。其中，物联网技术主要运用于物流和仓储环节的动产与货运状态监测。大数据、人工智能主要运用在风控智能决策环节，整合各个合作方与顺和同信的多源数据，通过准入信用评估、联合建模、贷中/贷后监控等手段，不断完善风险评级、风险定价及授信额度等模型，实现合作方全方位风险管控。与此同时，顺和同信还基于联盟区块链技术分布式、不可篡改、可追溯、授权访问等特性，建立了一个跨物流机构的去中心化联合失信名单共享平台。

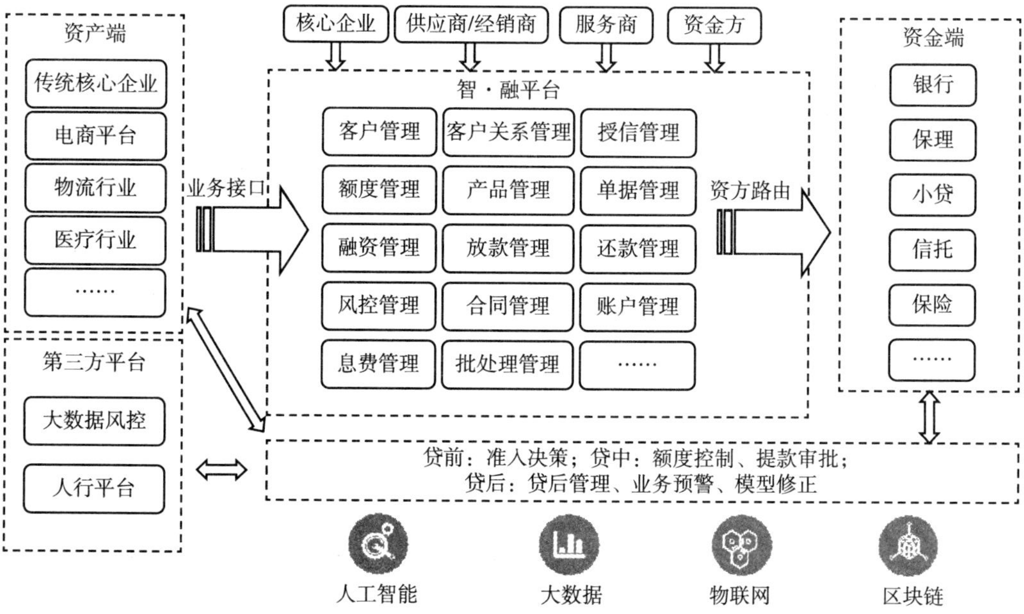

图8-5 “智·融”供应链金融平台应用架构

2. 针对场景的深度定制

（1）行业层面的深度融合。由于供应链金融业务本身是与供应链运营交织关联的，所以针对场景深度定制是非常必要的。顺和同信基于对物流行业的充分认知和了解，首选在物流行业深耕。针对物流行业的特征，顺和同信打通人、车、货、场各物流场景的全覆盖，构建以账户为基础、以融资为核心的一站式金融服务解决方案，为物流场景方提供全面的金融服务支持，如图8-6所示。

众所周知，在供应链金融业务中资金闭环极其重要，顺和同信在供应链金融的实践中尤为重视。顺和同信为解决供应链金融的资金流闭环问题提出了创新且独到的解决方案，即基于信托账户的账户体系进行供应链资金的管控。信托账户与传统的基于银行账户的方式相比有一个典型的特点就是每笔资金的进入与支出都是有严格的法律关系进行约束，同时还具有资产隔离的特点。采用顺和同信通过信托账户的模式，不仅技术层面而且在信托法律层面也实现了资金的安全控制。

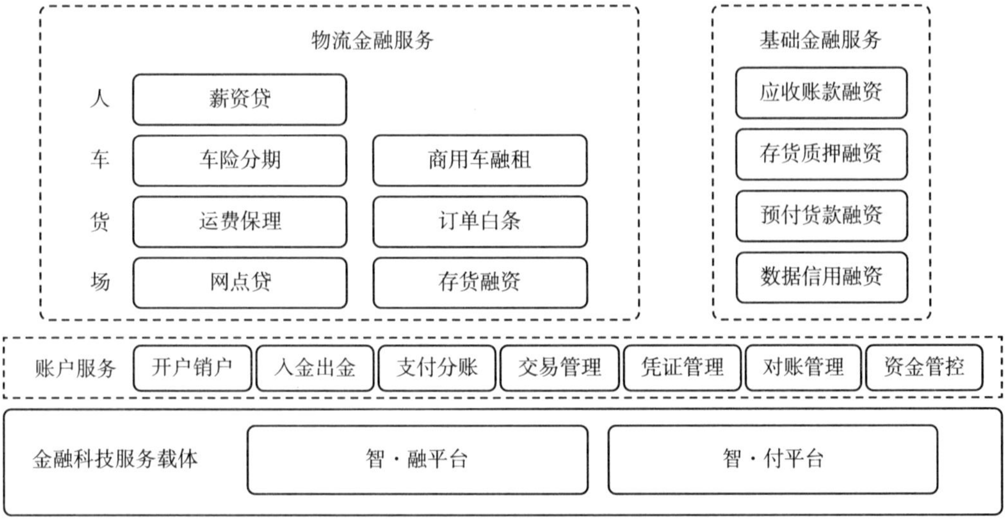

图 8-6　物流行业一站式金融服务解决方案

(2) 具体客户层面的定制化。要实现针对场景的深度定制，拥有与某个行业深度融合的解决方案能力只是基本内功，因为即使是同一行业内，不同的企业客户因为所处行业节点的不同、业务规模的不同、所处发展阶段的不同、自身数字化能力的不同、自身运营管理水平的不同，都会在供应链金融方面呈现不同的需求。

以顺和同信在为某快运平台提供供应链金融网点贷产品为例。在解决方案出具前，顺和同信对其经营情况和金融需求情况进行了深度调研，对该快运平台的了解情况如下：第一，该平台需要资金支持网点扩张。该快运平台为业界物流巨头领投的零担快运机构，正处于快速成长期，对网点的发展规模要求日趋增加，并且在实际运营中，由于融资渠道有限、融资成本高，较难直接通过传统的融资渠道获取资金支持，资金缺乏成为制约其网点快速经营扩张的主要瓶颈。第二，该快运平台拥有较全面的网点的运营数据、订单明细数据。这为顺和同信为其打造相应的风控策略体系提供了重要基础。第三，自身业务经营风险管理尚未形成科学量化管理体系。虽然业务发展势头正盛，但是该客户在快速扩张的过程中在物流各场景的风险管理上尚未形成自成体系的管理方式，主要体现在平台加盟网点的承运商风险管理、车辆风险管理、司机风险管理上缺少科学量化的管理手段。

针对上述具体情况，顺和同信为其量身打造了整套的供应链金融解决方案。

(1) 提升该客户的整体风险管理能力，为获取资金方的融资支持提供保障。顺和同信根据该快运平台拥有较全面的网点的运营数据、订单明细数据，对其经营情况进行了有效且准确的评估。

一是利用场景方数据，形成有效评估借款人交易真实性、经营评分、还款能力的规则体系。

二是引入场景方的管理部门，交叉验证网点经营情况及协助贷中后管理和催收，对客群现金流紧张、还款习惯差但稳定性强导致入催率高、坏账率低的客户，通过贷中管理等方式强化准时还款。

三是通过外部数据源对企业及实际控制人的多维度数据进行全方位量化评估。

四是实行资金用途管控，通过系统化方式实现资金用途的设限，规避资金挪用及相关风险。

(2) 根据风险评估结果，协同金融机构等资金方进行产品融合，开发便捷性的移动端和PC端的融资入口，实现全线上操作。

(3) 在贷中和贷后环节，顺和同信制定了一系列策略，如额度策略、审核策略、贷中监控策略、贷后管理策略，还对还款管理和资产管理做了详尽的约束。以此形成一套完善的线上化风控、运营、审批体系，真正实现了秒级风控、分钟级的审批放贷，并在贷中、贷后管理上实现了多维度、多数据源、实时监控。

(4) 配套打造该客户的整体运力风控解决方案。运力风控管理方案主要针对物流行业中外包承运商、加盟网点、司机、配送小哥、车辆等业务主体，通过整合承运商企业、车辆和司机的多维度数据，建立适合上述业务主体的准入模型、风险监控模型及相应的风控策略，并建设了包含决策引擎、大数据分析平台在内的风险管理系统。通过风控管理系统的实施和运用，风控人员可以对候选承运商、加盟网点、司机等业务主体进行审核和管理。同时，该系统支持API接口调用，可提供给客户的自身业务系统发起调用，将承运商信息发送至风险管理决策引擎，风险管理引擎最终实时将风险评估结果反馈至客户自身业务系统。通过运力风控模型的介入能够有效帮助企业对风控数据的集中调配和统一管控，既节约了操作成本又降低了风险概率。最终，从整体的实施效果上看，供应链金融科技平台和金融产品的落地为该快运平台的网点提供融资支持，控制回款路径，降低融资风险和融资成本、减少资金压力、增加收入，通过建立健全的产业链来提高企业的市场竞争力，对其加盟商的引入也起到了至关重要的作用。

3. 从客户角度出发，追求整体最优，实现真正的融资为经营服务，达到二者相辅相成

在顺和同信为某快运平台打造的网点贷产品中，这一点得到了充分体现。在风险管理层面，网点贷产品的融资风险管理是不能与具体物流场景的运营风险割裂来看的。所以，为了支持其供应链金融业务，顺和同信也同步为客户打造了整体运力风控解决方

案，如图 8－7 所示，助力客户整体风险管理能力的提升，为其顺利获取资金方的融资提供更有利的支持。

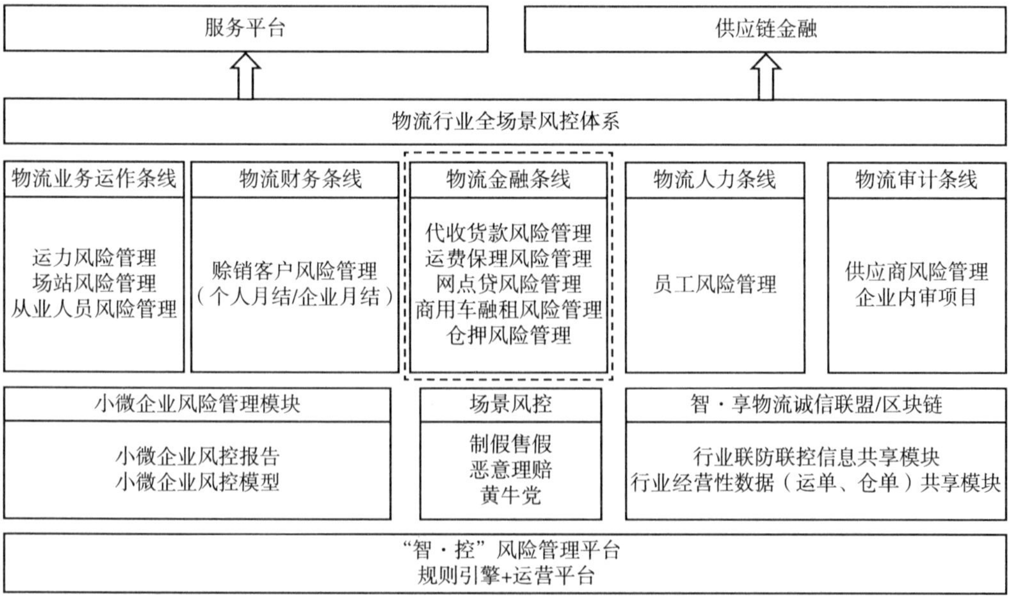

图 8－7　物流行业全场景风险管理体系

秉持紧密关联业务的整体最优理念，顺和同信为物流行业打造的全场景风险管理体系，金融条线风控亦被作为达到整体风控最优的重要一环而存在。

资料来源：同盾科技．供应链金融创新发展报告［R］. 2019.

思考题

1. 物流行业的供应链金融存在哪些风险？

2. 顺和同信如何运用科技来进行物流行业供应链金融的风险管理？

参考文献

[1] 深圳发展银行，中欧国际工商学院“供应链金融”课题．供应链金融：新经济下的新金融［M］．上海：上海远东出版社，2009.

[2]［美］唐纳德 J·鲍尔索克斯；等．供应链物流管理［M］．马士华，等译．北京：机械工业出版社，2010.

[3] 宋华．供应链金融［M］．2版．北京：中国人民大学出版社，2016.

[4] 宝象金融研究院，零壹研究院．互联网+供应链金融创新［M］．北京：电子工业出版社，2016.

[5] 宋华．互联网供应链金融［M］．北京：中国人民大学出版社，2017.

[6] 马士华，林勇．供应链管理［M］．5版．北京：机械工业出版社，2017.

[7] 周利国．物流与供应链金融［M］．北京：清华大学出版社，2018.

[8] 宋华．智慧供应链金融［M］．北京：中国人民大学出版社，2019.

[9] 张钟允．读懂供应链金融［M］．北京：中国人民大学出版社，2019.

[10] 陈晓华，吴家富．供应链金融［M］．北京：中国工信出版集团，人民邮电出版社，2019.

[11] 郑殿峰，齐宏．产业供应链金融：供应链金融的最终解决方案［M］．北京：中国商业出版社，2020.

[12] 同盾科技．供应链金融创新发展报告［R］. 2019.

[13] 万联供应链金融研究院．中国供应链金融调研报告［R］. 2017.

[14] 万联互联网金融研究院，上海大学现代物流研究中心．中国物流金融创新实践白皮书［R］. 2019.

[15] 中国物流与采购联合会物流与供应链金融分会．中国物流与供应链金融发展报告［R］. 2018.

[16] 秦建国．（中华保险）物流企业主导供应链金融发展的UPSC模式及启示［R］. 2019.

［17］冯彦明，侯洁星．商业银行在供应链金融中的发展角色演进［J］．农村金融研究，2020（5）：72－78.

［18］张晓娟，黄春铭，王彦博．FinTech时代商业银行供应链金融发展与展望［J］．银行家，2018（6）：131－133.

［19］李静宇．上海钢贸诈骗案的风险警示与对策［J］．中国储运，2013（8）：40－43.

［20］张旭，曾章蓉．供应链金融：业务模式和风险点［J］．国际金融，2020（1）：25－33.

［21］唐少麟，乔婷婷．发展物流金融、强化供应链整合——物流金融系列研讨之一［J］．物流技术，2006（1）：99－102.

［22］郭战琴．基于供应链金融的小微企业融资模式——以第三方龙头物流企业为平台［J］．金融理论与实践，2012（1）：77－79.

［23］吴宇星．以网络供应链业务模式发展国内保理之探析［J］．全国流通经济，2019（6）：109－110.

［24］中债咨询评估有限责任公司贸易行业研究团队．供应链高风险环节几何？——解锁供应链金融模式［R］．2017.

［25］董兴荣．金融科技赋能，商业银行的数字化、智能化和生态化｜商业银行＋金融科技系列主题②［J］．财资中国｜财富风尚，2018（2）.

［26］新希望："智能技术＋供应链金融"，赋能农业产融新生态——专访新希望金融服务有限公司总裁盛子夏［J］．财资中国，2019（11）.

［27］郑珊珊．平安银行线上供应链金融业务模式研究［D］．安徽：安徽财经大学，2016.